融合型·新形态教材

复旦学前云平台 www.fudanyun.cn

普通高等学校小学教育专业系列教材

小学语文教学技能实训

李春喜　主　编

黄海霞　副主编

复旦大学出版社

前言 | Foreword

　　小学语文教学法是小学教育专业的核心课程，是一门实践性很强的课程。关于小学语文教学法的理论性教材非常多，但是关于小学语文教学技能实训方面的教材却非常少。《高等师范院校学生的教师职业技能训练基本要求（试行稿）》明确指出："高等师范学校学生的职业定向是教师，在校学习期间，必须积极、自觉、主动地进行教师职业技能的训练，掌握教师职业基本技能。"《高等师范学校学生的教师职业技能训练大纲（试行）》也特别提到："对学生进行教师职业技能训练应在理论的指导下加强实践环节，指导教师要在精讲有关职业技能的基本知识、组成要素和操作程序的基础上，重点指导学生进行系统地实践，使学生在实践中不断改善、不断趋于整体协调和完善，以获得稳定的教师职业技能。"为此，我们设计编写了这本实训教材，作为小学语文教学法的辅助教学材料，帮助学生切实掌握小学语文教学中的备课、教学设计、听课、说课、实施评价等技能。

　　本书不求大求全，而是突出"教学做一体化"和"工学结合"的特点，以教学设计技能为核心，根据师范生所必需的就业能力和职业素养，形成以工作任务为核心的专业技能实训体系，分为小学语文备课技能、小学语文教学设计实施技能、小学语文教学评价技能、小学语文教学反思与听评说课技能四大模块，每个模块又以任务、操作步骤、情境和案例来引导学生进行小学语文教学技能的系统训练，是一本适合小学教育语文方向的师范生的专业实训用书。

　　本书主要特色有：一是结构新颖，采取小学语文教学工作过程与实训教材同构的思路，即怎样教就怎样练；二是凸显实用性，即以实用为起点和归宿，学习者学了就能用；三是校企（小学）合作，集编者多年小学语文教学研究的成果及教学实践经验，将小学教育专业师范生技能训练的体验、得失等凝结于本教材之中，从而使本书更具普遍性和针对性。

　　本书由李春喜编写模块一至模块三，黄海霞编写模块四。全书由主编整理并定稿。本书在编写中参阅并吸收了语文教育专家、教学名师等的相关研究成果，在此谨向作者表示由衷的感谢！有关引文或案例的出处我们力求详尽的注释，如有疏漏或错误恳请作者谅解，并希望能及时反馈，以便我们加以改正。由于编者水平有限，书中难免有错误或疏漏之处，敬请广大读者及时赐教指正。

李春喜　黄海霞

目录 | Contents

模块一
小学语文教学备课技能

项目一　小学语文教材分析技能

教师对教材的熟悉与否,直接关系到对教材的理解和把握是否准确。只有吃透教材,才能设计出切实可行的教学设计;只有吃透教材,课堂上才能更细腻地关注学生的思维和情感;只有吃透教材,教师才能收放自如,应对学生的各种疑难问题。当代著名特级教师霍懋征老师40多年从教的主要精力就是放在钻研教材上的。

工作任务 1　研究小学语文整套、整册、单元教材

一、研究小学语文教材的步骤与方法

（一）了解整套教科书

阅读一至十二册全部小学语文教材。它不要求对教材的细节进行研究,而是通过对全部教材的阅读,了解整套教材的基本内容、知识体系、结构特点以及各部分知识之间的内在联系和逻辑关系,搞清楚教材内容是怎样循序渐进地加以组织的,并结合课程标准的精神,分析教材的编写意图、内容选取、程度要求、风格特点等。具体要做到以下四点。

（1）明确教材由几个系统组成、各系统地位;

（2）理清全套教材的小学识字训练体系、阅读训练线、习作训练线、口语交际训练线、语文基础知识线等;

（3）掌握各册间的联系、教学重点、地位和作用;

（4）分析单元设置特点和文体安排规律。

（二）熟悉当册和单元教材

在通读整套教材的基础上,对语文教材中的某一册或某一部分(通常指一组教材或联系比较密切的二三组教材)进行深入研究,从整体上对该部分教材进行分析。通过分析弄清楚以下六个方面的问题:

（1）明确本册主要教学任务、具体教学内容;

（2）明确单元间的联系、各单元的地位和作用及教学重难点;

（3）明确单元内各课文的教学任务及相互间的配合；

（4）把握课文与能力训练的配合；

（5）明确阅读、习作与口语交际的配合；

（6）前后延伸。

具体说至少要明确：

（1）该部分教材中知识的逻辑结构；

（2）该部分教材中的重点知识和难点知识；

（3）该部分教材的工具性和人文性是怎样体现的；

（4）该部分教材中包含了哪些语文知识和能力培养的因素；

（5）该部分教材渗透了哪些思想教育的因素；

（6）该部分教材的地位和作用是什么。

（三）研究单篇课文

在通读整套教材、细读整册教材的基础上，对语文教材中的某一篇课文或某一节进行深入钻研，分析每一段，研究每一句，斟酌每一词与每一字，细致、具体地分析教材。做到以下四点：

（1）透彻理解该节教材中的全部知识，深入了解该节教材所述内容的背景材料，要站在高屋建瓴、居高临下的高度理解教材知识，要能解答该节教材中的疑难问题；

（2）弄清本节教材在整篇教材或整个语文教材中的地位，课程标准中对与其相关内容的具体要求是什么；

（3）找出本节教材中所蕴含的学习心理特点，学生学习时易犯的错误及其原因、难点的成因及突破方法；

（4）分析本节教材的教学特点和知识的关键，选择合适的教学策略、方法，设计教学过程，考虑如何通过知识教学培养能力和进行思想教育等。

研究单篇课文最常用的方法是文本解读。

二、案例研习

案例一：

部编版语文三年级上册第一单元教材分析

部编版三年级上册第一单元总体目标有两个：一个是阅读时，关注有新鲜感的词语和句子；另一个是体会习作的乐趣。当老师们面对这样的教学目标，首先得思考，编者为什么要在三年级一开始设定这样的教学目标，依据是什么？既然是教材，编排就应该是有依据的。当我们回顾一二年级教材，我们不难发现一二年级是以识字、写字教学为主。会识字、会写字了，到了三年级就应该有所提升了。所以，"关注有新鲜感的词语和句子"是承接二年级教材的学习目标来设定的。"关注有新鲜感的词语"，实际上就是积累新词。教材为什么要这样来设定目标呢？因为承接二年级，积累新词也是一种能力。同时，积累新词对学生的语言表达、习作是密切相关的，因此这个目标保持承接性有一个非常重要的能力目标。还要

"关注有新鲜感的句子"。这也是在要求学生要形成积累句子的好习惯。我们都知道背诵是积累的一种好方法，但是事实证明，只是一味地背诵，对于促进学生的言语表达的作用不明显，因此，引导学生理清表达的方法也就显得尤其重要。

结合文本来看，在第一课《大青树下的小学》一课，出现了五个民族，除了汉族，其他四个民族对学生来说是比较陌生的，所以"傣族""景颇族""阿昌族""德昂族"这四个词语对学生而言就是新鲜的词语，课堂上要让学生通过反复朗读来记住它们。由于词语本身是很抽象的，特别是这些表示种族的名词，为此，教材还专门配了四幅插图来帮助学生记忆。除此以外，凤尾竹、绒球花也可能成为学生有新鲜感的词语，这些词语都得让学生用反复朗读的方式记住它们。第二课和第三课，只需要让学生勾出他们觉得新鲜的词语来交流、朗读即可。这样的学习目标旨在培养学生在阅读的同时形成有意识地主动积累词语的好习惯。

关于"关注有新鲜感的句子"，在第一课《大青树下的小学》课后有要求但没有明确提示，这就给我们老师提供了自主解读的空间，也可以说是为我们的教学增加了难度。哪些句子可以成为学生"有新鲜感"的句子呢？肯定不是每一句话都可以的，可以找哪些句子呢？课文第一句话就很有特色："早晨，从山坡上，从坪坝里，从一条条开着绒球花和太阳花的小路上，走来了许多小学生，有汉族的，有傣族的，有景颇族的，还有阿昌族和德昂族的。"这是一句很长的句子，但仔细读来并不复杂。中心词是写小学生，前半部分是写小学生是从哪里来，后半部分是写小学生是哪些不同的民族。从哪里来，用了三个"从"，因为是来自三个不同的地方；是哪些民族的学生，作者用了三个"有"和一个"还有"来连接五个民族。这样的表达句式是不是很特别呢？在教学时，通过学生的反复朗读，要让学生抓住三个"从"、三个"有"和一个"还有"来记住这句话。学生能记住这句话了，也就记住这样的表达方式了。同时，我们还可以进行训练迁移，及时仿写，强化这样的表达方式。"同学们向在校园里欢唱的小鸟打招呼，向敬爱的老师问好，向高高飘扬的国旗敬礼。"这句话对三年级的学生而言不一定很新鲜，因为在二年级已经做过这样的表达，但我们老师也要重视这句话。这句话很简单，是写同学们在校园里干什么，写了三个方面，用"向"字连接，但这样的句式一定要让学生们固化于心，也可以让学生们联系生活及时仿说。"这时候，窗外十分安静，树枝不摇了，鸟儿不叫了，蝴蝶停在花朵上，好像都在听同学们读课文。"这句话的表达对学生来说也是很新鲜的，这句话主要写窗外很安静，怎么安静呢？通常我们的认识是没有声音。那么，课文是怎样来表达安静的呢？"树枝不摇了"自然是安静的，"鸟儿不叫了"也安静，"蝴蝶停在花朵上，好像都在听同学们朗读课文"还是安静。这样的表达对学生而言肯定是很有新鲜感的，也是非常值得学生去积累的好句子。

第二课《花的学校》课后已经明确提示了三句：1. 润湿的东风走过原野，在竹林中吹着口笛。2. 树枝在林中互相碰触着，绿叶在狂风里簌簌地响，雷拍着大手。3. 雨一来，它们便放假了。从教材这三句话的选择来看，是有共性的，因为这三句都是拟人写句。至于是否要给学生讲这样的句子叫拟人句，教材没有明示，但是我们老师一定要引导学生去读懂，这些句子都是把眼前的景物（东风、树枝、雷、花）当成人来写，作者是运用了丰富的想象才写出来这样的文字。可以以这三句话为突破口，再去引申到课文里其他的拟人句子。

第三课《不懂就问》,教材的编写意图应该是对"关注有新鲜感的词句"的实践,放手让学生自己去学习。

至此,本单元的构思就结束了。但我们还是留下了一个大大的问号:什么样的句子才是有新鲜感的句子?是像第一课中表述特别的句子包含了特别词语,还是像《花的学校》中的学生还不曾认识的拟人句呢?无论是哪一种,我们再回到第三课《不懂就问》,除了都是讲与学校有关的故事以外,还有什么类同之处呢?对学生而言,新鲜感的词语可以找出,新鲜感的句子,要找哪一句才合适呢?有没有依据呢?既然是实践,那么与前两课有没有联系呢?这些都需要老师进一步思考。

关于习作,准确说三年级上册是习作的起点,所以第一次的习作重点是让学生体会习作中的乐趣,让学生喜欢习作,不怕习作,再一步步爱上习作。这样的思路显然是没有错的。但是,我们还是会发现本单元前面的主体课文与单元习作是没有联系的,主体课文是以学校生活为主体,让学生认识学校、了解学校,习作却是要求写一个人的特点。虽然有趣但显然前后是没有联系的。这也就得要求我们老师在习作教学时还得另起炉灶,思考一下本次的习作内容是什么,怎样去引导学生找到要写的内容(首先要确定好要写的人,其次还要思考他哪些地方让你印象深刻,选择出一两点来),如何表达才行。这是第一次真正意义上的习作,所以教材还特别要求在写的时候,开头要空两格。

案例二:

我对部编本三年级上册第三单元"童话"的教学思考

高启山

单元概述:

这是一个童话单元。本单元的人文主题是"乘着想象的翅膀,游历奇妙的童话王国,看花儿跳舞,听星星唱歌"。编者在这个单元安排了两项语文元素的学习训练:一项是"感受童话丰富的想象";另一项是"试着自己编童话,写童话"。

关于教材安排的这两项内容,在我看来是密切结合在一起的。结合在一起的线索就是"感受童话丰富的想象"。

怎么理解"感受童话丰富的想象"?

"感受",字典中的解释是:接受、受到影响。"童话中的想象",指的是作者通过"比拟、夸张"等方式,把物赋予人的性格、情绪、言语、思维特征,让事物人格化,并通过夸张的方式来构思神奇的故事情节,使物具有超出常人的特殊本领等。"丰富"指的是想象数量多、种类多,超出了一般人能够想得到的范围。"感受童话中丰富的想象",意思是在读童话的时候能够认识并且受到"童话中丰富的想象"的影响,进而随着作者的笔触一起去想象,认识事物的人格特征和情绪变化,感受故事中"人物"经历的惊险、神奇,从故事情节的变化和人物的情感思想变化中受到积极的情感感染。

这里的想象并不是读者自身的创造想象,而是读者根据作者的想象来产生的再造想象。

我这样理解合适吗?看了教材《语文园地》"交流平台"的示例,我觉得是对的。——"童话是一座五彩缤纷的大花园。在童话世界里,植物动物不但像人一样会说话,而且也有喜怒哀乐"。"这个单元的童话故事充满了想象,蟋蟀可以在牛肚子里旅行,一棵树也可以有自己的愿望";"阅读童话,我们能够交到很多奇特的朋友,还能获得很多启示"。这些要点,我觉得我的理解是对的。

教学用书上说:《那一定会很好》中,"想一想,从一粒种子到阳台上的木地板,他经历了怎样的一段历程",这是要随着作者的思路去展开想象,进而体会这奇妙的旅程的;《在牛肚子里旅行》中的"画路线图",这是要随着作者一起去想象,感受所想象出来的情节的惊险神奇;《一块奶酪》中,"蚂蚁队长"则具有了人一样的"自我管理、自我约束、关爱他人的品性",这是要随着作者去想象蚂蚁队长被赋予的人的言语和行为所能够体会出来的。

教学用书上说:《去年的树》中,"联系上下文展开想象,试着走进鸟儿的内心世界,说说鸟儿在想什么",这也是"感受童话丰富的想象"。这一点,我不敢苟同。因为,读者对故事中人物内心世界的想象,并不是作者的想象,也不是再造出来的想象。

但是,这开篇的童话,对"凭借什么、怎么指导学生去感受童话丰富的想象",只有这样一个要求。这不是矛盾了吗?我以为,编者必须承认这个矛盾所在。

但是,这个矛盾不是不可以解决的。

怎么解决?我觉得,就是为文中鸟儿的做法,在上下文中去找理。让学生自我转换角色,想象着自己就是这只鸟儿,发生了这样的故事,鸟儿为什么要这样做。——为什么约定,为什么来了就找这棵树,为什么一处一处地去找,为什么还要看了一会儿,又盯着看了一会儿。这样,其实就是在随着作者的笔触去想象作者想象出来的角色和故事情节,用童话思维来读懂童话。

怎么理解"童话思维"?

前些天,我读了两篇文章《以童话思维教学童话》《童话教学需要启用童化思维》,这里面介绍说:所谓童话思维指的是"比拟、夸张"的思维方式:一方面,随着读文,对作者的比拟、夸张的文字能够再造想象,感受到作者丰富的想象;另一方面,根据作者留下的空白,用比拟、夸张的方式去想象,补足空白。

前面谈到,本单元的人文主题是"乘着……跳舞"是与"感受童话丰富的想象"结合在一起的。是因为,"感受童话丰富的想象是方法、是过程","乘着……唱歌"是结果,如果没有"感受童话丰富的想象",就不能"乘着想象的翅膀,去游历奇妙的童话王国,就不能看懂花儿跳舞,就不能听懂星星唱歌"。

那么,写童话是怎么"与感受结合在一起的"呢?

我们看看教材和教学用书对"写童话"的相关要求。

教材安排的是"我来编童话"。

教材给了9个词语:国王、黄昏、厨房,啄木鸟、冬天、森林超市,玫瑰花、星期天、小河边。9个词语中,三个地点,三个人物,三个时间。

教材提示学生:看到这些词语,你的脑海里浮现出了怎样的画面?你想到了怎样的故事?发挥想象,把故事写下来。写之前想一想"故事里有哪些角色?(可以从上面选一个或者几个,如果需要,也可以添加你喜欢的其他角色,如'小公主、月亮'。)"

故事发生在什么时间?是在哪里发生的?

他们在哪里做什么?他们之间发生了什么故事?

写完以后小声读一读,看看句子是否通顺。你还可以试着给故事加个题目,注意题目要居中。

《教师教学用书》上说:"教材第一部分提出了编童话的习作任务,并呈现了3组有'人物、时间、地点'的提示'"'人、动物、植物,符合童话中万事万物都可以像人一样活动和思考的特点';"时间指向了某一天的某个时段、某一天、某一季节吗,体现故事发生时间的多样可能",地点也是开放的。

教材第二部分三个问题是习作要求。第一个是针对故事的角色选择;第二、三个问题,则要求根据时间和地点来想象发生了什么事情。

看教材和教学用书这样的要求,我想到了"感受童话丰富的想象"时,自然地伴随着作者的笔触,去想象了万事万物都可以具有人的活动和思考的特点,有情绪,有心情变化,有思想,有纪律、爱心等等,去想象他们也是在特定的时空中去做事情,发生故事,而且故事情节很神奇、很惊险,这是"感受童话丰富想象"的另外结果,读的过程中,在自然地学习写作。

关于写童话,教材为什么安排9组?我想,这是符合三年级学生特点的。我们读书学习写作,读的要深,写的要浅,重点是习惯和兴趣。因此,只要有一个人物、一个地点、一个时间,发生了一个并不怎么曲折的故事就够了,关键是是否是学生自己想出来的。

我过去有过一个设计《用反复的方法来安排童话的情节》,我觉得,在三年级并不适用,原因是,在三年级,我们并不要求学生把童话编写得多么情节复杂,他们能够根据时间、地点、人物想象出一个故事就不错,写的句子通顺就可以。

《语文园地》中安排了学习试着用修改符号修改习作,在童话写完之后,需要安排针对童话进行修改的环节。

工作任务2　解读文本

对语文教学来说,文本就是以文字记载的文学、文艺作品,教学中文本的主要形式是教材,语文的学习过程实际上是文本解读的过程。语文的学习媒介是经典的文学作品,而这种以文字记载而流传的作品正是文本,或者说是文本的一种。

"文本解读"和"钻研教材"是两个不同的概念。王崧舟老师指出:两者的根本区别有两个方面。第一,在"钻研教材"所置身的话语系统中,语言被指述为工具,是外在于人的生命存在的,语言是语言,内容是内容,于是,钻研教材就是钻研内容。而在"文本细读"的前置语境中,语言(准确地说是"言语")是本体,言语是存在的家,言语性是生命的本质属性、固有属性,而不是外加的。那么,它所钻研的不是剥离了语言的内容,而是言语本身。注意,是言语本身!第二,钻研教材,意味着教师在细读文本之前,已经有一个先在的限定:文本是"教材",文本已经被异化、窄化、浅化为"教材",教师能读出的不过是文本作为教材的"教学重点""教学难点""教学特点"和"教学疑点","四点"之外可有文本乎？文本细读,则首先让文本返回到原初状态去。原初并非仅指开端,原初就是原本、本原、本体。文本细读,就是将文本返回本体。从这个意义上说,作为文本的"文本"是源,作为教材的"文本"是流;作为文本的"文本"是本,作为教材的"文本"是末;作为文本的"文本"是皮,作为教材的"文本"是毛。

备课开始就要反复阅读教材,必要时还要朗读教材。别看小学语文教材都是些篇幅不长的文章,但文章蕴含的思想、作者渗透在字里行间的情感以及语言技巧,不是粗读一两遍就可以全面掌握的。最要紧的是教材蕴含的思想,教师必须揣摩清楚作者写这篇文章着意表现的是什么,即教师必须掌握教材的中心。这似乎是老生常谈,但确是任何一种教学模式备课的重要起点。①

"'课本,课本,教学之根本'。因此,掌握和驾驭教材是备好课的首要条件,也是教师一项重要的基本功。"②

一、解读文本的步骤

1."走近"文本。

感觉文本,把握要旨。首先要摸准作者的思路和思想,初步建立起对作品的感觉与认识。

2."走进"文本。

感知文本,品味独特。品味文本内隐的独特意义,体验美的熏陶,真正地实现与文本的情感交流,讲究"披文入情"之理,追随"情动辞发"之境。

3."走出"文本。

感悟文本,创生文化。这是对文本的深层次审视与重组、升华与提炼,是领悟内涵、发现理趣、挖掘本质的阅读活动。它要求教师不仅应从文本解读中创生问题、创生精神、创生个性,而且要以此为基础不断地去加工和创造新的发展空间,进行个性化的教学设计,将文本的解读延伸到动态的教学中,展开教师、学生与文本之间的多元对话,体现其人文导向,创生文化精神,追求诗意的教学风景。在文本解读过程中,读者不断获取新思想、新观念。这种新思想不是读者原有的思想,也不是文本思想的复制品,而是二者的融合物。因而,读者的新思想是他与文本相互作用的结果,而不是接受文本的结果,也不是固执己见、自我反思的结果。在文本解读中,不同读者有不同的界域,因而对同一文本便有不同的解读。有多少个读者,就有多少种解读方法与解读结果,文本的解读是极具个性化的。而且,文本的解读不是一次性完成的,"一段文本或一件艺术品的真正意义的发现永远不会结束;事实上它是一个无限的过程"。换个角度讲,文本的意义是无限的,"文本"在历史中表现出来的东西要比作者想要表现的多得多。因而,读者的创造过程也是无限的。

"一个读者若有足够的历史与语言知识,他可以比作者本人更好地理解作者,作者在创

---

① 李吉林,《小学情境教学》,人民教育出版社,2003 年。
② 邱学华,《邱学华尝试教学课堂艺术》,教育科学出版社,2000 年。

作过程中没有明确意识到的东西,可以由读者创造性地建造出来。"

4."回归"文本。

适度回归文本,可以加深对文本中字词句的理解,体现"语文味",体现"文道统一"。因为许多文本(课文)具有鲜明的价值引导的目标,其内在的价值取向有一定的"规定",如果任意"创生",有可能导致价值取向的残缺。但是,这不能重走"以本为本"的老路,要做到超越文本与回归文本的统一。

二、解读文本的方法

方法一:转换角色,多元解读。

我们提倡解读文本要做到三读。

一读——以阅读者的身份和文本对话,读出自己的理解和感受。从读者的角度读出:教材写什么? 有哪些内容? 这么多的内容,我对什么是最感兴趣的? 我对文本内容感受最深的是什么等,即以一个普通读者身份来欣赏作品,获得自然的阅读体验和真实的审美直觉。

二读——以语文教师的身份解读文章,领悟作者的表达,寻找语言训练的重点。从教者的角度思考:基于学生学习的现状,基于教材编者的意图,基于自我研读教材的发现,我要通过哪些语言材料培养学生的语文素养,该教啥? 教会学生什么? 学生在自己的引导下,要初步掌握什么? 学生学什么是最有用的? 哪些知识的了解、语言的理解与揣摩对言语发展是最有帮助的?

三读——从学生角度解读文章,揣摩学生可能会产生的疑点,寻找指导学生阅读的方法。从学生的角度阅读事先考虑学生在阅读本文时可能出现的种种情况。

方法二:突出重点,扣词析句悟文。

吕叔湘先生认为,语文教学要走一个来回。从语言文字出发到思想内容,再从思想内容出发回到语言文字。王崧舟认为:其他学科,语言文字只是作为一个思想内容的载体,用过了可以扔掉。但是,语文不能扔,不但不能扔,还要将语言文字本身作为教学目标、作为课程本体加以学习掌握。这也是语文学科的特征所在,赖以安身立命的支点所在。所以,从用好教材的角度看,一个语文老师应该具有两只眼睛:一只眼睛看到文本的思想感情,看到文本的价值取向,看到文本的内容内涵;另一只眼睛呢,则是看到文本的语言本身,关注词句、关注语段、关注篇章,关注语言的表达方式、存在特征等。

(一)解读关键字

在教学《鱼游到了纸上》一课时,王崧舟老师抓住课题中的一个"游"字,引导孩子质疑:"鱼为什么会游到纸上呀?""鱼是怎么游到纸上的呢?"学生带着疑问默读课文,找到两个关键的句子:"鱼游到了心里"和"鱼游到了纸上"。他们还弄清了这两者的关系是先与后、因与果的关系。通过换字的方法理解"鱼游到了心里"中的"游"字就是"印、刻、烙、留……"的意思,"鱼游到了心里"就是鱼的静态和鱼的动态已经深深地印在了青年的心里,就是"胸有成鱼"的境界。这个"游"字,赞颂的是青年从春到冬的每个星期天都到玉泉来看鱼的坚持不懈的精神,刻画出青年看鱼忘记了时间、忘记了自己的形象。

作为语文教师,在解读文本的时候既要做到"字斟句酌",还要努力引导学生用字用词准确、简洁和生动。

（二）解读关键词

在教学《地震中的父与子》一课时,可以抓住"了不起"这个词,引导学生去体会感悟文章中"父"的伟大,"子"的勇敢、无私。在教学老舍先生的《猫》一课时,"古怪"一词是含有贬义的,那么,在文本中老舍先生是用"古怪"表达他对猫的讨厌吗? 学生仔细阅读课文的1—3自然段,发现课文中虽然没有明确的表达作者内心情感的词句,可是也不难体会到作者对猫的情感倾向。

（三）解读关键句

在教学《钓鱼的启示》一课时,抓住文中一句往往被许多老师认为简单而忽视的"父亲划着了一根火柴,看了看手表,这时是晚上十点,距离开放捕捞鲈鱼的时间还有两个小时",去领悟文章所蕴含的"诚实"思想内容。王崧舟老师在教学鲁教版五年级上册《草船借箭》一文时,慧眼独具地开发出了诸葛亮的"三笑",从而使学生从一个"笑"字就领悟了诸葛亮"神机妙算"的课文精髓。

（四）解读精妙构思

解读文本,脉络结构和语言组织结构是不容小觑的"点",要善于从文本脉络着眼梳理关键处、从语言入手发现关键处,从而把握文章整体结构的特点,层层剖析言语内在的组织结构,进而品味出文学作品的匠心独运、精妙构思。《开国大典》一文中有这样一句:"这庄严的宣告,这雄伟的声音,使全场三十万人一齐欢呼起来。这庄严的宣告,这雄伟的声音,经过无线电的广播,传到长城内外,传到大江南北,使全中国人民的心一齐欢跃起来。""这庄严的宣告,这雄伟的声音"反复两次出现,从中可以读出什么? "传到长城内外,传到大江南北"这个整齐的句式,在表达上有什么作用? "全场三十万人一齐欢呼起来""全中国人民的心一起欢跃起来",从"欢呼"与"欢跃"这两个不同的词语中又读出了什么? 作者是通过语言文字表达情感、通过语言文字来触摸作者心境、心绪、心态的。我们在解读文本时,对这样的语言形式岂能放过? 我们要仔细品味句子表达上的妙处,体会文中的情韵,从中开掘作品蕴藏的思想内涵,这种开掘是有根的,这个根就扎在语言的表达上。又如《麦哨》,课文两次写了麦哨,"'呜卟,呜卟,呜……'田野里,什么声响和着孩子的鼻音,在浓绿的麦叶上掠过? 一声呼,一声应,忽高忽低,那么欢快,那么柔美。"采用前后呼应的结构编排,构成形式上的美。

（五）解读文本主旨

任何文学作品都是情境的产物,作者在文章字里行间透露出来的心境和态度不容忽视。我们一定依据教材选编意图,再联系作者为文的处境潜心研读,这样才能正确把握价值取向,品味文本主旨。

方法三:整体把握,前后贯通。

文本解读要避免"散读"和"窄读"文本,避免"断章取义""肢解文本""只见树木不见森林",所以解读文本要注意以下三点。

一要将文章作为一个完整的整体来阅读。所谓"整体把握",首先是把文章作为一个有机的整体来对待,要"整体入手",让学生整体直觉地解读文本,沉潜于作品之中,凭借直觉,对文本整体作灵感式的体悟。在阅读人教版五年级上册课文辛弃疾的《清平乐·村居》这首词时,"茅檐低小,溪上青青草。醉里吴音相媚好,白发谁家翁媪? 大儿锄豆溪东,中儿正织鸡笼。最喜小儿无赖,溪头卧剥莲蓬",孤立地看词中每一句话,并没有独特之处,但整体联系起来看,这是一幅一家老小其乐融融的乡村生活场景图。这个普通的农家,他们也许是清贫的,却又是幸福和快乐的! 老夫妻和和气气,孩子们尽自己所能进行劳动,心态是那么的平和;最小的孩子无忧无虑地玩耍,享受着童年美好的时光……从中我们也可以感受到诗人看到这样安详的农家生活状态后心里所产生的愉悦之感。因此,阅读作品切不可局限于作品的局部和细节,寻章摘句,停留在每一词、每一句的表层,而要加强整体阅读,将局部和细节与主题有机联系起来,通过文字表层读懂文章的意蕴和意境,读懂作者的内心世界,体会到作品遣词造句的妙处。

二是找准有效的切入点,"牵一发动全局"。找准教学的有效切入"点"是避免"散读文本"的好办法。文本从哪里切入最好? 刘勰在《文心雕龙》中讲到两个字:一个是"情",一个是"采"。"情"就是思想感情,"采"就是语言文字表达。如果能找到这样的切入点,既有"情"又有"采",就能够"提领而顿,百毛皆顺",就能体现教学的创造性,教学就会充满智慧。看到《开国大典》的课题,你会看到文本写的是一次典礼,是盛大的典礼,是为庆祝新中国的成立而举行的盛大的典礼。这是由课题产生的初步的解读。深读课文,你会看到"大"字在文中的丰富内涵:文章写了"庆祝新中国诞生"这个"大事件",写了"群众进场""典礼仪式""阅兵式""群众游行"等"大场面",还具体写了参加典礼的群众的"大热情"。文题中的这个"大"字,就是"情采合一"处! 抓住"大"字,引导学生初读课文,可以初步把握课文的主要内容,了解课文写了一件什么事情;抓住"大"字,细读课文,可以弄清课文围绕"庆祝新中国诞生"写了哪几个场面;抓住"大"字,深入研读课文,品味描写主席行为和群众反应的语句,可以通过"典礼仪式"时的"一齐欢呼""一齐欢跃""54 门大炮齐发,一共 28 响"、多次描写掌声的词句以及"阅兵式"及"群众游行"中的多处描写,充分感受开国大典喜庆、庄严、隆重、热烈的气氛以及中国人民热爱领袖、热爱新中国,为新中国的诞生而激动、自豪的思想感情。

文本的"情采合一"处,就是教学的最佳切入点,就是展开教学"对话"的最好"抓手"! 在进行文本解读时,要千方百计地发现这样的切入点,设计具有统整性和开放性的话题。这一话题应该是"牵一发而动全身"的,是"提纲挈领"的。要有针对性,紧扣教材的重难点;要有启发性,"一石激起千层浪";要有挑战性,让学生"跳起来"才能"摘到桃子"。

三是将文本的解读置于单元整体之中。从单元和整个教材系统来看,一篇课文并不是一个孤立的存在,而是单元整体和整个教材体系中的有机构成。这就要求教学时对单元整体进行把握,把文本解读置于单元整体之中,否则就会出现"没有航标乱行船"等"偏读"文本的现象。

苏教版四年级下册《天鹅的故事》,通过天鹅破冰的故事写这群"破冰勇士"勇敢、团结、齐心,以血肉之躯破冰,从而换来了集体的生存。有的认为课文阐述的是环保的话题,因此把教学的重点定位在体会斯杰潘老人如何用行动告诉大家要保护环境、建议学生写一份保护动物的倡议书。联系整个单元内容我们会发现这种理解太狭隘、太孤立了。因为本单元还有两篇课文《鸟语》《生命的壮歌》，如果说鸟儿是我们的好朋友还可以说和环保意识有关，那么"蚁国英雄"们逃离火海时"至死也不松动分毫"，最外面的一层蚂蚁被烧得"肝胆俱裂也不放弃自己的岗位"；面对狩猎队的追捕，老羚羊以死亡作桥墩形成"生命桥"让小羚羊逃生……这些，决不是在写环保！课后思考题："你在生活中，或在电影、电视中，看见过齐心合力完成一项任务的场面吗？先说一说，再写下来。"以及单元练习中"读读背背"："人心齐，泰山移"……都是有关团结、齐心、合作的古语经典。编者实际上已经作了很明确的提示！如果联系整个单元内容进行思考，就不会出现这种对于文本主旨的"偏读"了。

三、案例研习

案例一：

《唯一的听众》文本解读

范红艳

1. 初读课文，置身读者。

第一自然段主要讲妹妹和父亲说"我"在音乐方面是个白痴，"我"很自卑，决定到楼后面的小山上去练琴。通过"白痴"表明"我"读出父亲和妹妹对"我"拉的小夜曲没有认同。通过"锯床腿的声音"可以读出"我"因为没有得到父亲和妹妹的认可而失去信心，认为自己拉的小夜曲实在是不好听，导致"我"为自己选择了一个非常僻静的地方——楼区后面小山上的小树林。

第二自然段主要讲"我"到林中练琴，遇到一位自称耳聋的老人，做"我"唯一的听众，并且每天都夸"我"拉得很好。"我"来到林子中练琴是偷偷的，通过"蹑手蹑脚"这个词语可以看出是背着家里人偷偷跑出来的。"但事实很快就令我沮丧了，因为我显然将那把锯子带到了林子里"，通过这句话可以读出"我"已经对自己拉琴失去了信心。而当"我"看到一位老人就在"我"身后，冲老人笑了笑，准备溜走。可以读出作者不愿被别人取笑，更不愿去打扰别人，于是准备溜走。然而，出乎意料的是老人说她的耳朵聋了，愿意做我的听众。我被老人的语言打动，内心有了几分兴奋。通过读老人的话可以让我们感受到"我"有了一丝希望，毕竟有了唯一的听众，虽然她的耳朵聋了，但她每天都能来这里听"我"拉琴。给了我很大的鼓励。

第三自然段主要讲在老人的鼓励下，"我"又在家里练琴，但没有受到家人的反对。当"我"感觉到家里人不再反对的时候，滋生了一种想把琴练好的动力。通过读"我"站得很直，两臂累得又酸又痛，汗水早就湿透了衬衣，但我不会坐在木椅上练习，可以看出"我"有了自信，决定把琴练好。而每一次老人都会鼓励"我"，有一次竟然说"我"的琴声给她带来了欢乐。

第四自然段主要讲妹妹告诉"我"那位老人竟然是音乐学院的教授。

第五自然段主要讲自己依旧每天清晨去拉琴，感觉自己奏出了"真正的音乐"。通过这个自然段可以读出当"我"得知这位老人是位音乐方面的专家,我的信心更足了。通过读"我感觉我奏出了真正的音乐"感觉自己真正地在进步,不但得到家人的认可,还得到老教授的认可,自己在老人的爱护、鼓励下得到了真正的成长。

2. 再读课文,置身作者。

再次轮读文本,站在作者的角度感悟文本,作者充满着对老人的感激,正是老教授的爱护、鼓励使"我"深深地对她产生敬佩之情。作者围绕"我"的内心变化展开描写,从被家人瞧不起,自己的自卑,到遇到老人这唯一的听众,有所进步得到家人的认可,充满自信,最后真相大白,用琴声回报老人,感情得到了升华。

第一自然段作者重点交代了故事的起因,由于"我"的琴声没有被家里人认可,感到很自卑,决定到外面去练琴。这也是作者为后文埋下了伏笔。自己的琴连自己的父亲和妹妹都不认可,那么享有盛名的老教授更不会认可,相反的是老教授不但没有责怪,而是耐心地倾听、鼓励,给了作者很大的信心。

第二自然段作者重点描写了一位老人成为"我"唯一的听众。这段是作者向我们描述这唯一听众是一位怎样的听众。读后给人留下一个悬念——这个老人是个聋子,并为后文做了铺垫。同时,也为作者增强自信提供了帮助。正是因为老教授没有说明自己的身份,才让作者为这唯一的听众而努力。

第三自然段作者在耳聋老人的鼓励下进步越来越大,以致后来决定在家练习,而作者写出妹妹不再装出一副可怜的样子,也就隐含着作者的琴艺在不断地进步。

第四自然段的描写将本文推向了一个高潮。当作者的《月光奏鸣曲》的问世让专修音乐的妹妹大吃一惊,终于真相大白,那位老人竟是学院最有声望的教授。

第五自然段作者通过自己的努力来回报老人,感觉自己奏出了真正的音乐。以"一个人轻轻地拉,一个人静静地听"结束全篇。虽然没有像老教授说明,但通过文字的表白可以看出"我"是十分感激那位老人,用自己的行动证明着自己的进步。

3. 三读文本,置身教者。

本篇课文是五年级上册,依据高年级学段目标,培养学生有感情地朗读课文;借助词典阅读,理解词语在语言环境中的恰当意义,体会其表达效果。在阅读中揣摩文章的表达顺序,体会作者的思想感情,初步领悟文章基本的表达方法。在交流和讨论中,敢于提出自己的看法,做出自己的判断。阅读叙事性作品,了解事件梗概,简单描述自己印象最深的场景、人物、事件,说出自己的喜欢、憎恶、崇敬、向往、同情等感受。

当我们再次轮读文本,我们应该仅仅围绕"我"的心理及行动的变化以及老教授言语的变化为主线进行概括。

第一自然段:"我拉的小夜曲就像是锯床腿的声音""我感到沮丧和灰心"让学生体会到作者由于家人的不认可而失去了信心。这也是故事的起因。在教学的过程中同样引发我们思考,在教学的过程中应该多鼓励,少批评,更不要挖苦讽刺学生。

第二自然段:当作者偷偷地来到小树林时,却发现有一位老人在静静地倾听,当非常自卑的他准备离开时,老人却说自己是一个聋子,很愿意做他的听众。由此我们可以看出作者自卑的心理,想逃跑的行动,被老人的话语所感动,促使他的心里洋溢着一种从未有过的感觉。

在教学本段的过程中,我们应引导学生抓住一些重点词语和语段来感悟文本。比如,联系上下文理解"蹑手蹑脚",对老人的语言描写,短短几句却折射出老人的爱心教育。让学生品悟老人的话语,充分理解老人善意的谎言,正是她善意的谎言给了"我"一种从未有过的感觉,找回了自信。

第三自然段:重点感悟由于妹妹的认可,让我的自信心增强。通过朗读"一种力量在我身上潜滋暗长。我站得很直,两臂累得又酸又痛,汗水早就湿透了衬衣,但我不会坐在木椅上练习,而以前我会的"。让学生感悟"我"在行动上的变化。"每天清晨,我都要面对一位耳聋的老妇人全力以赴地演奏;而我唯一的听众也一定早早地坐在木椅上等我了,并且有一次她竟说我的琴声能给她带来快乐和幸福。"此外,联系上下文让学生理解"忐忑不安、全力以赴"。老人的行动和言语无形中让我竭尽全力地去演奏。

第五自然段:重点段"我们没有交谈什么,只是在一个个美丽的清晨,一个人轻轻地拉,一个人静静地听。老人靠在木椅上,手指悄悄地打着拍子,慈祥的眼睛平静地望着我,像深深的潭水……"让学生共同感悟:他们此时此刻,已经不是用语言和行动来交流,而是用音乐来交流。

案例二:

对《跨越百年的美丽》文本细读和教学目标的几点意见

岔河小学　冯丽娜

1. 与文本的文字对话,客观把握文章所写内容的主要特征。

赵老师针对文本的主要内容,对文章进行了整体性的概括。在这段概括的文字中,赵老师选取了最具有代表性的"镭的发现"这件事。但是我认为,就这篇课文来说,课文的主要内容,决不仅仅是发现了镭这件事,这其中还有居里夫人就"镭的发现"做学术报告引起轰动,我觉得这个内容也应该概括进去,这样才能真正地从总体上把握文章的主要内容。

对于文本的主旨,赵老师写得很明白,抓得也很准。我想,理解了"美丽"的深刻内涵,感悟到了这篇文章的主旨——赞扬居里夫人全身心投入科学的忘我精神和她淡泊名利的高贵品质。

2. 与文本的作者对话,客观把握作者要表达的思想观点和情感。

在这部分,赵老师对文本解读得很深刻、很细腻,值得我们细细品味。

首先,充分挖掘了关于作者的资源,使得对文本的理解有厚度。赵老师对于作者梁衡写这篇文章的写作动机交代得很清楚。大多数人可能对于居里夫人的成就有一定的了解,但是很少有人了解居里夫人取得这些成就的背后所付出的艰辛,就若梁衡所说:"……就是要把结果之前的过程揭示出来……让读者自己去理解果之初,果之前的样子。"关于作者写作动机的这些内容,对于我们解读这篇文章来说是十分重要而且是必要的。没有与作者的写作背景、动机相联系的解读是不会理解深刻的,只能是肤浅的。

其次,赵老师与文本的文字对话注重了文字的前后联系、社会背景的联系。

在这次文本细读中,赵老师先后几次这样来读文本。比如,将"坚定又略带淡泊的神情""能看透一切,看透未来"和后文的"淡泊名利"相联系;将科学院中人们的惊讶和下文的"在此之前没有一个女子登上过法国科学院的讲台"联系起来,等等。这样的例子还有几处,不再赘述。这样的前后联系,教师注意了文本的内在结构、前后关联。对于教师设计教学环节、实施课堂教学来说是十分有效的。

再有,赵老师读出了文字背后的形象、画面。

最令人感动的就是赵老师在读了第三自然段之后,在头脑中想象居里夫人劳动时的画面,将文字还原成了鲜活的画面。其实,在这篇文章中,作者就是选取了居里夫人一生中具有典型意义的画面。除了劳动时的画面,我们还可以想象居里夫人的美丽外表、居里夫人在法国科学院作报告的场面、居里夫人埋头工作的情形,等等。只有教师自己经历了这样的过程,才能指导学生在课堂上深入地感悟课文内容,也可以成为学生理解、感悟文章的一种策略方法。这样的解读过程,无疑对教师理解文本的程度、在课堂教学中实施教学的情况都会产生积极的影响。

此外,在细读中,赵老师真正地沉入到了文中。关注到了一些容易忽略的地方。比如居里夫人夫妇的对话,在这朴实的对话中,读出了居里夫人极不平凡的品质。还有对"真的又美丽的颜色"中"真的"一词的关注,这个不起眼的词语,读出了作者为居里夫人感到骄傲,我觉得还有作者的欣喜以及天道酬勤的安慰,这时,作者、读者和文中的人物同喜同悲,真正关注到了人物的命运。

3. 作为教者,揣摩编者意图,思考引导学生从文本中读出什么。

首先,赵老师将这篇文章放在整个主题单元的角度来考虑编者的意图。在这儿,主要是考虑了文本的主题思想。接着,重温了课程标准对于高年级段阅读教学的要求。然后,对课后练习题的训练意图加以说明。还有,提出了教师要引导学生感悟作者的表达方法,主要是对比的方法。(除此之外,还有倒叙的写作顺序,是不是也应该让学生有所体会?)最后,提出了积累语言的要求。

4. 与"经验中的学生"对话,预设学生阅读学习过程、困难和分歧。

在这部分中,赵老师预设了学生学习过程中可能出现的困难。这里有学生知识经验上的困难,学生对居里夫人了解不多,当然赵老师也想到了相应的对策,课前搜集资料、阅读。再有在学生头脑中建立真实可感的居里夫人的形象,这要在课堂教学来完成。还有朗读方面的问题、读书方法的问题以及理解含义深刻的语句。

制定教学目标:

结合对五、六年级课标的要求,针对本课,赵老师制定了教学目标。我觉得是不是还应该考虑学生的情况,将这三者结合起来制定。

在制定的六个目标中,我觉得第一个目标的制定,体现了教学目标的具体化,而且对于一线教师来说具有针对性和可操作性,也可以看得出赵老师切切实实地从文本出发,挖掘资源,丰富文本,为拉进学生与文本之间的距离进行了有效的资料交流,而且对于在学生头脑之中塑造居里夫人的形象起到了推波助澜的作用。

第二个教学目标的操作性也较强,有针对性。对于生字词的学习和理解,既提供了范围,又提示了方法、策略。这样的教学目标制定出来才是有效的。

第三个目标体会含义深刻的句子,感悟伟大品质,体会美丽的深层内涵。那么,应该怎样体会含义深刻的句子?采用什么样的方法?体会到什么程度?达成怎样的目标呢?还有,我觉得不仅仅是美丽的深层内涵,而应该是多层内涵更为合适。

第四个目标是关于感情朗读的。目标很明确、清晰。

第五个目标是感悟作者的表达方法。这里主要是引导学生体会倒叙和对比的表达方法。但是,怎样感悟呢?采取的方法和策略呢?

第六个目标是关于情感态度价值观方面的目标。"人生的价值并不在于年轻美貌、金钱名利,而在于为科学做出贡献,为人类做出贡献。"我觉得这句话如果单单是对居里夫人的评价是再合适不过了,但是如果是让学生来感悟人生价值的话,应该不仅仅是为科学作出贡献,而是让自己的人生有意义,实现自己的人生价值。

案例三:

部编本三年级上册《秋天的雨》文本细读

高启山

(这是一篇抒情意味很浓的散文,名为写秋雨,实际在写秋天。课文的内容丰富多彩,作者抓住秋天的特点,从秋天的到来写起,写了秋天缤纷的色彩,秋天的丰收景象,还有深秋中各种动物、植物准备过冬的情形。课文把秋雨作为一条线索,将秋天众多的景物巧妙地串起来,从整体上带出一种丰收、美丽、快乐的秋天。)

秋天的雨,是一把钥匙。(大家都熟悉钥匙,但是,秋雨怎么成了钥匙?这得想象了:它打开了秋天的大门,我们就能够进入秋天的世界了。把秋天的雨比喻成一把钥匙,更形象、更贴切地告诉人们秋雨的作用。)它带着清凉和温柔,轻轻地,轻轻地,趁你没留意,把秋天的大门打开了。(正是这把钥匙为我们开启了秋天的大门,才让我们看到一个美丽、快乐、丰收的秋天。为什么会是"轻轻的,轻轻的"?这得联系生活实际——让人好像没什么感觉,没什么声响,没什么动静,秋天就来了。因为秋雨虽然凉,但不冷,使人爽快,不大,润物无声,朗读的时候,我们自己的感觉就会声音轻一些,给人轻松舒服的感觉。)

秋天的雨,有一盒五彩缤纷的颜料。(五彩缤纷,五彩,青、黄、赤、白、黑;缤,就是纷乱、繁多的意思。缤纷,形容美好的,一般用来写落叶落花。五彩缤纷,不再仅仅限于那几种颜色,而是由于颜色的相互交融,出现了各种深浅浓淡及其变化了,是很多的美好的色彩了。五彩缤纷都有哪些色彩?下面通过具体的事物的颜色来介绍,而且这些颜色都是非常美丽的。这是总写秋天的雨,是一盒颜料,然后作者展开叙述。)你看,它把黄色给了银杏树,黄黄的叶子像一把把小扇子,扇哪扇哪,扇走了夏天的炎热。(一把把,就不是一把了,而是很多把,类似前面一篇课文的一片一片。这里,一把把跟一片一片又不同,一片一片有在"数"的感觉,是说,不仅仅有"一片"。而一把把,第二个把,在强调这个量词的程度,是一个数量的程度,程度在加深,一把把侧重的是"很多"。这句话不仅运用了比喻的修辞手法,而且也运用了拟人的修辞手法,非常贴切生动。读着句子,我们能够想象出银杏叶子怎么一下子被秋雨给染成了黄色,一片片地落下来,就好像一把把小扇子,一边扇,一边跟暑热对话——你快走吧,快走吧。)它把红色给了枫树,红红的枫叶像一枚枚邮票,飘哇飘哇,邮来了秋天的凉爽。(这句话和上一句运用了同样的修辞手法。读这些句子,眼前能够出现一幅非常美妙奇幻的画面——秋雨来了,她在跟枫叶对话——换装了,换装了,于是,枫叶的衣服变成了红红的,叶子飘下来,飘到哪里啊,飘到最想把秋天的讯息通知到的人那里,它是秋雨的信使啊,飘到了那些还不知道秋天来临的地方去了。)金黄色是给田野的,看,田野像金色的海洋。橙红色是给果树的,橘子、柿子你挤我碰,争着要人们去摘呢!(从个体写到了群体,详和略就这样分明了。"挤""碰"说明了数量多,"争着"说明了这个群体中的很多果实为人做出贡献的心情急迫,而且这句话又把这些水果人格化了。他们挤着碰着争着,向人们展示自己的成果呢。)菊花仙子得到的颜色就更多了,紫红的、淡黄的、雪白的……美丽的菊花在秋雨里频频点头。(想象着,秋雨把彩色撒向了花丛,于是五彩缤纷了——五彩缤纷,不是五种色彩,而是很多种奇妙的、美丽的色彩。这色彩是秋雨给带来的,成熟的、收获的色彩。)(好一个秋雨,把世界打扮得如此绚丽多彩,让世界变得如此生机勃勃!)

秋天的雨,藏着非常好闻的气味。梨香香的,菠萝甜甜的,还有苹果、橘子,好多好多香甜的气味,都躲在小雨滴里呢! 小朋友的脚,常被那香味勾住。(秋天还是一个果实成熟的季节,果园里的景象更加迷人,但是它的香气更让人流连忘返。秋天里,是采摘季的季节,就像上文的"争着"一般,这里,是争着向人们展示好闻的气味呢。怎么勾住? 用气味吸引啊。为什么用勾住? 呵呵,你想跑都不行,必须回来闻一闻。这个"勾",把"好闻的气味"写得有动作,代表着果实了。除了"勾住"小朋友,一定还会跟飞来飞去的小虫、小鸟有着非常有趣的对话。)

秋天的雨,吹起了金色的小喇叭,它告诉大家,冬天快要来了。(这里开始写声响了。这是晚秋的雨了。晚秋的雨给大家报告消息来了,它告诉大家冬天就要来了。所以,大家要做好准备了。)小喜鹊衔来树枝造房子,小松鼠找来松果当粮食,小青蛙在加紧挖洞,准备舒舒服服地睡大觉。松柏穿上厚厚的、油亮亮的衣裳,杨树、柳树的叶子飘到树妈妈的脚下。它们都在准备过冬了。(整个这段都运用了拟人的修辞手法,看,小动物是如何过冬的,它们各自都在准备自己过冬要用的东西,其实也在提醒人们,冬天要来了,也要准备好过冬的东西。是啊,它在告诉人们要做什么呢? 作者没写,但是我们读者能够想象出来的。)

秋天的雨,带给大地的是一曲丰收的歌,带给小朋友的是一首欢乐的歌。(这段话是对全文的一个赞美,一个歌颂,总写秋天的雨给人们带来了丰收和欢乐。丰收,收成好,产量高。为什么是丰收的歌? 这得结合上文"香味",那么多水果,那么香,还勾住小朋友,争着、挤着来表现果实丰收。秋天的雨是一曲歌,就在歌唱丰收,在表达人们丰收的喜悦。快乐在哪里啊? 在那么多美丽的色彩中,在那么多美丽的童话中,在那么多的景物变幻中。)

(全文从颜色、气味、声音三个方面,按照秋天的时间的推移顺序,把秋天的景物变化,通过拟人和比喻的方式,让读者的眼前能够呈现出秋天景物神奇美妙的形象,有声有色。)

本文要求认识的汉字:钥匙、缤、枚、争、勾、喇、厚、曲、丰。

要求会写的字:盒、颜料、票、飘、争、仙、淡、闻、梨、勾、曲、丰。

有感情地朗读课文。背诵课文第二自然段。

课文从三个方面写了秋天的雨,和同学交流你最感兴趣的部分。

(这里的交流,从哪个角度?是秋天的景色,还是对秋天景色的描写?如果对应主题,就是景色;如果对应练习,就应该是语言特点。这是一个口语交际话题。交流最感兴趣的话题,学生自然会对应到内容上面。作为教师,如果"语文元素"上位的话,可以对"语言特点"做引导。)

想象一下,秋天的雨还会把颜色分给谁呢?照样子写一写。

样子:小扇子一句。

(这是一个仿照例子,用打比方和拟人方式写句子的练习。仿照,是为了降低难度。建议开展一个接龙活动。)

阅读链接,拓展对秋天的认识,锻炼拓展阅读的习惯。

四、实战演练

1. 请从学生的视角细读文本《鹬蚌相争》,写出文本分析。

2. 请从作者的视角细读文本《草虫的村落》,写出文本分析。

3. 请写出《我的伯父鲁迅先生》的文本分析。

项目二　学生学情的分析技能

> **工作任务**　分析学生学情

基础教育改革要求突出学生在学习过程中的主体地位,教学设计就须切实调动和发挥学生学习的积极性和主动性,有效指导学生获得学习上的成功。从教学角度而言,教学目标能否实现,教学任务能否完成,主要取决于我们对学生情况的掌握程度。

学情分析主要从学生已有的知识基础、能力水平、学习需求等方面来分析,可以结合《小学语文课程标准》中的学段要求来谈。

一、学生学情的分析步骤和方法

具体而言,学情分析主要分析以下四个问题。

(1) 学生是否具备了学习新知识的必备知识和技能;学生如果不具备时,应该通过什么方式来弥补,如果弥补需要掌握到什么程度。如果具备了,应该回忆什么。

(2) 学生通过课前自主学习,是否已经了解新课的有关内容,了解了多少,达到什么程度,急需解决的问题是什么。

(3) 教师在课堂上要如何点拨和引导才达到较好的效果,如何确定每一节课的重点和难点。

（4）教师在课前一定要明白的是：哪些内容会引起学生的兴趣和思维，成为课堂的亮点或学生的兴趣。

进行学生特征的分析可以为教学内容的选择和组织、教学目标的确定、教学活动的安排、教学策略的采用提供科学的依据，也可以从以下五个方面分析。

1. 学生年龄特点分析。

所在年龄阶段的学生长于形象思维还是抽象思维；乐于发言还是羞涩保守；喜欢跟老师合作还是抵触老师；不同年龄学生注意的深度、广度和持久性也不同。这些特点可以通过学习一些发展心理学的简单知识来分析，也可以凭借经验和观察来灵活把握。

2. 学生学习态度分析。

对学生学习态度的分析是泛指对学生学习新内容的非智力因素的分析。学生的非智力因素是重要的学习因素，对大部分学生而言是决定性因素。在对学生的非智力因素的分析中，主要的还是对学生学习态度的分析。学生对新知识的学习愿望和积极性直接影响他们的学习热情和兴趣，也直接影响他们的能力发挥、潜能激发、知识建构、态度形成、价值认同等。

3. 学生已有知识经验分析。

对学生知识、技能的分析是对学生最基本的分析。这里所说的知识、技能是指学生对学习新内容具有的基本的、前提性的知识与技能，这是学生进入新的学习的基础，是教学活动的基本立足点。

针对课时或本单元的教学内容，确定学生需要掌握哪些知识、具备哪些生活经验，然后分析学生是否具备这些知识经验。可以通过单元测验、摸底考查、问卷等较为正式的方式，也可采取抽查或提问等非正式的方式。如果发现学生知识经验不足，一方面可采取必要的补救措施，另一方面可以适当调整教学难度和教学方法。

4. 学生学习能力分析。

对学生能力的分析是指对学生学习新内容所具有的包括"最近发展区"的学习能力的分析。这些能力主要包括观察判断能力、思维能力、知识迁移能力、知识运用能力、实践操作能力等。对学生能力的培养是教学的重要目标，同时，学生的能力也是教学活动得以开展的重要因素与资源。正确、准确地分析学生的能力，既是正确、准确地设计教学目标的前提，也是设计好教学活动的前提。

分析不同班级学生理解掌握知识的能力如何、学习新的操作技能的能力如何，据此设计教学任务的深度、难度、广度。经验丰富、能力较强的老师还可以进一步分析本班学生中学习能力突出的尖子生和学习能力较弱的学习困难学生，并因材施教，采取变通灵活的教学策略。

5. 学生学习风格分析。

一个班级的孩子在一起时间长了会形成"班级性格"，有些班级思维活跃、反应迅速，但往往思维深度不够、准确性稍微欠缺；有些班级则较为沉闷，但可能具有一定的思维深度。不同的学生个体也是如此，教师应该结合教学经验和课堂观察，敏锐捕捉相关信息，通过提出挑战性的问题、合作等方式尽量取学生之长、补其之短。

二、案例研习

案例一:

《通往广场的路不止一条》学情分析

蔡红霞

（一）基础字词

表 1-1 基础字词学情分析

学生不理解的高频词语	拟采取的策略
素净——17 人	直观辨析
挑拨读音及意思——14 人	据字定音;注解释义
星罗棋布——11 人	理解关键字:罗、布,迁移理解同类词
络绎不绝——11 人	给出联绵词"络绎"的意思,完整理解词语,举例
大喜过望——9 人	调序理解:因过望而大喜

（二）篇章阅读

表 1-2 篇章阅读学情分析

学生提出的问题	拟采取的策略
为什么她开的时装店没有自己的员工?（26） 他们怎么在一天之内找到那么多妇女都会织衣服?（17） 为什么作者一会儿说朋友的衣服,一会儿说他的衣服织得巧妙?（13） 只用手织很慢,若是衣服数量多就不行了,我为什么不用机器呢?（24） 文章中间是否偏颇?（16）	1. 通过仔细阅读文章理解内容。 2. 教师讲解翻译过程中用词、文序的特殊性。 3. 与《钓鱼的启示》比较,理解详略事例,说明语言的正确性。
作者走的另一条路是什么意思呢?（1） 作者是怎样克服遇到的困难的?（19） 为什么"我"想到方法后,还要跑回维戴安太太家去告诉她自己的想法呢?（23） 既然不是成衣,为什么还会有那么多人去"我"那儿订购衣服?（23） 展览会哪里不用?（22） 我为什么要搞一个不是成衣的展览会?（22） 我的心情怎样变化的?（8）	通过"机遇、困难、解决方法、效果及心情变化"进行表格梳理,通过个人思考、小组合作探究降低难度。

上例教师通过前置性作业了解学生的学习起点及学生的困惑,有利于进一步展开有效性的教学设计。

案例二:

《自己去吧》学情分析

【学习者特征分析】

1. 学生是 7—8 岁的儿童,思维活跃,课堂上喜欢表现自己,对语文学习有浓厚的兴趣。

2. 学生在学习中随意性非常明显,渴望得到教师或同学的赞许。

3. 学生在平常的生活当中有"自己的事情自己做"的经历和体验,比如自己整理书包、系红领巾等。

4. 学生已有一定的拼读能力,能借助汉语拼音阅读拓展材料。

5. 学生已经认识"氵""口""心"三个偏旁和"自""己""吧""那"四个生字。

6. 学生对于识字兴趣很高,识字方法已有所掌握,能采用自己喜欢的方式来识记生字,并且能自己创设情境来巩固、应用生字。

7. 学生能根据提示仿编、续编或创编写故事,并乐于表达。

案例三:

《渴望读书的大眼睛》学情分析

学生对于希望工程不陌生,很多孩子在报纸、杂志、电视或者家长那里听说过希望工程的故事。但是,学生之间有差异,有些学生了解得多一些,有些只是听说过而已。对于书上"大眼睛"——苏明娟的了解,以及这张照片的来历了解的人就更少了。因此,教师在课上通过让了解多一些的同学做简单发言,把已有的知识和同学们分享,实现经验的生生传递。

我班学生在三年的学习过程中积累了一定的阅读能力,能够抓住文章的重点品析语言文字的情感。但是,在这篇文章的学习中可能对"大眼睛"照片带来的作用和意义并不了解,学习时他们可能忽略对句子、词语的深刻解读,特别是忽略对背景资料的理解。所以,老师结合有意义的背景资料,帮助学生理解重点词句、理解课文内容。

案例四:

四年级《春潮》学情分析

四年级的大部分学生养成了自觉学习的习惯,比如,认真书写、提前预习、大声朗读的习惯,已具备了一定的识字能力,基本掌握生字词的学习方法,因此对于本课生字词我让学生在预习中自主完成,课堂上只对容易出现的错误做重点指导(教得少、扶放多,进一步加强词语教学的理解、辨析和运用,减少用词不当的情况出现)。四年级的学生具有一定的阅读能力,理解、感知课文内容和情感的能力逐步增强,但整体感悟不深入,往往停留在文字表面,对文中含义深刻的语句不容易理解,对于文字背后较深层次的感悟很难领悟;不善于抓住重点的关键词句理解课文内容和情感,在遇到思考难度较大的问题时,有畏缩情绪。因此,教学中对课文内容的概括,应指导学生运用"画人物关系图"的方法概括内容;对于理解课文,力求在读文基础上,通过设境体验,以读代讲,想象画面,结合重点句,整合课内外学习资源,将听、说、读、写、思、议有机结合,引导提高学生的感悟能力。引导学生抓住关键词语,联系上下文、结合生活实际和相关资料读懂课文,读出自己的感受与理解,并且获得启示。

项目三　教学目标设计技能

教学目标,是对教学活动所要促成的身心变化要达到怎样的标准、要求所作的规定或设想。简言之,教学目标就是通过教学活动所欲促成的身心变化。教学目标具有导向功能、激励功能、标准功能,它引导着教学活动的方向,并为教学活动提供动力支持,教学目标也是评价教学效果的标准。所以,进行教学目标分析、确定课堂教学目标是教师进行教学设计的一个重要环节,也是课堂教学的出发点和归宿。课堂教学目标的确定是一个教师的教育教学理念、能力、水平的综合体现。

工作任务1　确定教学目标

一、确定教学目标的步骤

（一）依据"小学语文课程标准"确定教学目标

在制定课堂教学目标时,教师一定要仔细研读小学语文课程标准,因为它明确规定了基础教育阶段语文课程的总体目标和学段目标。在课标的指导下,教学目标的设计就会有一个明确的方向。《语文课程标准》中的第二部分"课程目标"中已经为语文教学确定了课程"总目标"和"学段目标",认真领会和准确理解课程标准对"教学目标"的规定,把握各层次目标的内在联系,结合教材将课程"总目标"和"学段目标""单元目标"合理地分解为课时教学目标。

1. 依据学段目标制定教学目标。

在确定具体的一篇课文的教学目标之前,要对课程标准非常熟悉,尤其是对学段目标了如指掌,避免教学目标越位、缺位和不到位的现象。就阅读教学而言,学段要求是有层次和梯度的。

低年级,识字、写字无疑是教学目标的重中之重,同时还包括词和句的训练,初步的朗读训练。如人教版《数星星的孩子》一课可制定如下教学目标:

① 认识9个生字,会写12个字,同时习得识字、写字的方法。

② 学习并积累词语。如,无数、珍珠、汉朝、天文学家、距离、清楚、钻研等。

③ 把课文读正确、读流利,读好长句子中词语之间的停顿。在此基础上指导学生读好人物之间的对话。

④ 学习张衡从小细心观察、乐于探究的品质。

中年级是低年级向高年级的过渡阶段,要继续进行词句训练,理解词句在表情达意方面的作用是教学的重要目标,同时要加强段的训练,注重段的理解、积累与运用。如苏教版《石榴》一课可制定如下教学目标：

① 能够借助书中注音和字典，准确认读本课的生字新词，指导学生正确、流利、有感情地朗读课文。

② 重点阅读课文的第2、3自然段，了解石榴的生长过程，初步体会用比喻、拟人的写法能够把事物写得更加生动、形象。

③ 体会作者对石榴的喜爱以及对家乡的热爱之情，激发学生热爱自然的情感，陶冶审美情趣。

高年级教学目标的重点，应放在引导学生从整体上把握文章的内容、品味文章的语言、领会表达的方法上，揣摩并运用表达方法是需要加强的一个训练重点。如人教版《伯牙绝弦》一课可制定如下教学目标：

① 通过朗读、品味、比较、联想等多种方式学习课文，在学懂的基础上熟读成诵。

② 初步运用借助注释、联系上下文等学习文言文的基本方法，感受常用的文言词汇，增加文言文的阅读体验。

③ 感受高山流水的知音文化，明确朋友相交的真挚深沉，受到传统文化的熏陶。

2. 依照单元目标制定教学目标。

语文教材中的每一个单元都有"导语"和"我的发现"或"交流平台"，它们很明确地告诉我们该单元的教学重点与编写意图，这正是确定教学目标的第二个凭借。一篇文章，其内涵固然丰厚，语言固然精妙，涉及的语文知识点固然很多，但哪些是这篇课文的教学重点，哪些是亟待解决的、训练的，应根据单元重点与编者意图来定。如人教版《将相和》一课可制定如下教学目标：

① 认识7个生字，会写9个生字。正确读写并理解"完璧归赵、无价之宝"等词语。

② 默读课文，给三个故事加上小标题，并分别说说主要内容。

③ 抓住故事矛盾，理解三个故事内部联系，体会"和"的重要性，体验阅读历史故事的乐趣。

④ 抓住人物语言，揣摩人物内心，感受人物形象，体会课文中主要人物语言描写的表达效果。

⑤ 有感情地朗读描写主要人物语言的句子。

《将相和》是人教版五年级下册第五单元的第一篇精读课文，单元主题是"中国古典名著之旅"，单元训练重点是学习阅读中国古典名著中的故事，要求"理解主要内容，感受人物形象，感受名著的魅力，激发阅读名著的兴趣"。目标②③④就很好地体现了单元目标的要求。

（二）依据"三维目标"确定教学目标

《小学语文课程标准》提出了教学的三维目标体系，对学生的知识与能力、过程与方法、情感态度与价值观三个方面都提出相应的要求。语文课堂教学目标也要围绕这三个维度来设计。"知识与能力"是基础性目标，它强调的是学生对知识的感知、理解与运用；"过程与方法""情感态度与价值观"是发展性目标，它强调的是学生学习语文过程中获得的情感体验，强调的是学生独立思考、独立获取和处理信息的意识和能力,强调的是学生合作、交流、共享、表达,简单地说"知识和能力"——学会,"过程和方法"——会学,"情感态度和价值观"——乐学。

(三)依据"文本特点"确定教学目标

认真细致的文本解读是教学目标确定的前提。只有对文本进行了准确、深入的了解,教师才能明确该文本教学的重难点,制定出切实有效的教学目标。教师就要根据自己对文本的解读,提炼出文本所要传达的核心教学价值,对教材内容进行筛选、取舍,从"语言训练点,情感体验点,方法渗透点,能力提高点"合理设计教学目标的着力点。例如,"桥"这一主题单元下有《飞夺泸定桥》和《桥之思》两篇文章,主题虽然是桥,但是通过对两篇文章的研读我们不难发现,"桥"实际上只是一个情感寄托。重点应放在对红军不畏艰险、勇往直前的革命精神的歌颂上,引导学生从"有形的桥"中抽象出"无形的桥",进行开放性讨论。

可见,对文章的深入解读是多么重要。而在通常情况下,不同体裁的文章在教学着力点上也有本质的区别。像诗歌、散文等就更侧重情感目标,教师应引领学生感悟文中的价值取向,接受审美熏陶;而科技文、说明文等文章则更在乎的是读者对其表述内容的把握,教师应引导学生运用理性思维,学习科学精神。

(四)依据"学情特点"确定教学目标

学生是课程学习的主体,课堂教学目标的设定在遵循课程标准的前提下,必须结合学生的实际情况来确定。我们必须充分了解学生,准确掌握学生认知水平和发展特征、学习需要和学习动机、学习风格和学习方式,设置的目标让学生"跳一跳"能够得到。这既是确定课堂教学目标的重点也是难点,是最不容易做到的。过去教学,基本上是根据教材和教参确定教学目标,现在不少教师仍然如此,甚至直接从"教参"上抄"教学目标",这显然是错误的。这也是教学效率不高的重要原因之一。根据"学情特点"确定教学目标叮参见本模块项日二。

二、确定教学目标的一般模式

每课的教学目标一般依次是:

① 会认×字,正确读写××等词语。

② 借助(结合生活实际、抓住关键词句、想象画面等)方法,感受(体会、品悟)文中的(情感、思想)。了解(主要内容),激发(思想感情)。

③ 积累文中的好词佳句。

④ 有感情地朗读课文。(中年级是学习默读)

⑤ 根据自己对小学语文课程的认识拓展延伸。

三、案例研习

案例一:

在制定教学目标时我们应该从何入手呢? 我觉得首先应该关注《课程标准》中提出的

"阶段目标",根据知识和能力、过程和方法、情感态度和价值观三个维度设计;其次要关注所教教材每一单元要实现的单元目标;最后要关注学生的学情。现在结合 11 册第七单元的《老人与海鸥》说说我是如何制定教学目标的。

从课程标准第三阶段的阅读目标中我提取了以下五条:① 正确、流利、有感情地朗读课文。② 在阅读中揣摩文章的表达顺序,体会作者的思想感情,初步领悟文章基本的表达方法。③ 联系上下文和自己的积累,推想课文中有关词句的内涵,体会其表达效果。④ 阅读叙事性作品,了解事件梗概,简单描述自己印象最深的场景、人物、细节,说出自己的喜欢、憎恶、崇敬、向往、同情等感受。⑤ 默读有一定的速度。

通过看单元导语,我知道第七单元的目标是:① 继续练习用较快的速度阅读课文,把握课文主要内容,体会课文表达的感情。② 学习作者将这种真挚的情感写真实、写具体的方法。

最后我考虑了我班的学习情况。平时在教学中学生已经养成了在阅读中关注重点词句说感受的习惯,一般不会出现单一的答案,学生的思维还是挺活跃的,常会有一些独特的感受。感情朗读和小练笔能张扬学生的个性,能调动和激发学生的兴趣。

综合以上的目标我制定了总目标:

① 通过熟知的记字方法学习本课生字,正确读写带有生字的词语,做到正确流利地读课文。

② 通过快速地阅读课文,知道老人为海鸥、海鸥为老人所做的事。

③ 通过对重点词句的理解,有感情地朗读课文,感受老人与海鸥间的一片深情,并揣摩作者是如何把老人与海鸥之间的感情写具体的。通过小练笔、课外拓展激发学生去深切感受老人与海鸥的情感,"人"与"动物"的和谐相处。

重点:通过对重点词句的理解,有感情地朗读课文,感受老人与海鸥之间的一片深情。

难点:揣摩作者是如何把老人与海鸥之间的感情写具体的。

课时目标如下。

第一课时:

① 通过熟知的记字方法学习本课生字,正确读写带有生字的词语,做到正确流利地读课文。

② 练习以较快的速度阅读课文,抓住描写老人神态、动作和语言以及描写海鸥动作的重点语句,体会蕴含其中的深厚感情,并揣摩作者是如何把老人对海鸥的感情写具体的。

重点:正确流利地读课文,练习以较快的速度阅读课文,抓住描写老人神态、动作和语言以及描写海鸥动作的重点语句,体会蕴含其中的深厚感情。

难点:揣摩作者是如何把老人对海鸥的感情写具体的。

第二课时:

① 练习以较快的速度阅读课文,抓住描写海鸥动作的重点语句,感受海鸥对老人的深情,并能有感情地朗读,揣摩作者是如何把海鸥对老人的感情写具体的。

② 通过小练笔、课外拓展激发学生去深切感受老人与海鸥的情感,"人"与"动物"的和

谐相处。

重点：练习以较快的速度阅读课文，抓住描写海鸥动作的重点语句，感受老人与海鸥之间的一片深情，能有感情地朗读，体会"人"与"动物"的和谐相处。

难点：揣摩作者是如何把海鸥对老人的感情写具体的。

案例二：

下面以《观潮》一课的教材分析为例，谈谈怎样确定教学目标。

现行人教版九年义务教育小学语文教材按组编排，每组教材由"导读""课例""积累·运用"组成，"课例"又由"预习""课文""生字表""思考·练习"和文章插图等组成。每组教材含精读课文和略读课文等。略读课文前面设"阅读提示"。作为语文教师在学期初通读全册教材的基础上，要熟悉某组教材，从整体上掌握内容、目标等；通过比较，分析每篇课文的特点，明确每篇课文在组中的地位和教学侧重点。之后研读课文和"预习""课文""生字表""思考·练习"和文章插图等，确定每篇课文的教学重点和目标等。

对于《观潮》一课的分析，我以为要循着这样的顺序进行。

1. 认真学习《教师教学用书》第七册"说明"，尤其要关注"教材的编排"，从全盘掌握教材编写者的"编写意图"。

例如，在"教材的编排"中提出了"在训练项目上，既注意围绕重点设计一个大体的序，又注意训练的整合以及训练重点的循环往复、螺旋上升"。"本册设 2 个重点训练项目，它们是'了解叙述的顺序''抓住主要内容'，分别安排在第二组和第五组。"这就提醒教师要始终抓住重点训练项目分析教材，设计教学。《观潮》一课在第六组，是精读课文。其训练重点无疑是"了解叙述的顺序""抓住主要内容"的继续和提高。

"教材的编排"中分别对"导读""课例""读写例话""积累·运用"的编排目的和意图做了说明，为教师提供指导。如对"读写例话"的说明："安排在一组课文之后，是重点训练项目的概括和归纳小结。调整后的训练重点，在项目内容上有较大的改动，减少了数量，简化了头绪，突出了重点。本册的训练项目，努力体现试用修订版大纲精神，体现中年级读写训练要求。安排训练项目的两组，要围绕训练项目进行读写基本功的训练。没有安排重点训练的组，要注意综合运用以前学到的读写基本功，使教学前后衔接，环环相扣。"可见，《观潮》一课应注意综合运用以前学到的读写基本功，与之前的教学衔接起来。

又如，"教材的编排"提道："为了帮助学生理解课文，进行语言文字训练，教材编绘了多幅图画。这些图画是教材的重要组成部分，对训练学生的观察能力、正确理解课文的思想内容、陶冶爱美的情趣起着不可忽视的作用。教师在教学中应充分利用图画，把使用文字教材和图画教材有机地结合起来。"《观潮》一课中有两幅插图，设计教学方案时就要体现这个意图，并在教学中加以落实。

2. 研读《教师教学用书》和教科书上对"第六组"的"导读"，用整体的、系统的观念分析教学内容,把握教学要求。

《教师教学用书》上"第六组"的"导读"如下:"本组教材包括两篇精读课文、两篇略读课文和一个积累·运用。课文体裁多样,有古诗、写景散文、通讯和当代诗歌。内容丰富,有描绘祖国壮丽山河的,有抒发思乡之情的,有展现当代领袖人物风采的,有反映祖国现代化建设成就的。课文从不同的角度,热情赞美了大自然以及生活在这片土地上的人民,学生从中可以感受到祖国山河的壮美和建设事业的飞速发展,激发对祖国的热爱之情。"

"在前一组学习的基础上,本组要继续培养学生'抓住主要内容'的能力,要引导学生根据课文的特点,了解叙述的顺序,抓住主要内容。古诗要引导学生多诵读,多想象。课文中的重点词句,要引导学生多读多想,体会其含义及所蕴含的思想感情。"

"建议本组教学安排11—12课时。其中精读课文4课时,略读课文2课时,积累·运用5课时,机动1课时。"

《观潮》一课是精读课文,体裁是写景散文,阅读训练的重点是"抓住主要内容"。教学的过程和方法是:引导学生根据课文的特点,了解叙述的顺序,抓住主要内容。引导学生抓住课文中的重点词句,多读多想,体会其含义及所蕴含的思想感情。

3.深入分析课文和其"预习"及"思考·练习",明确教学重点和难点,确定教学目标。这里只谈对"预习"及"思考·练习"的分析。

首先,要明确编排"预习"的目的和处理方法。

从第七册开始,精读课文之前安排"预习",目的是逐步培养学生的自学能力,养成良好的学习习惯。预习部分主要要求学生自学生字新词,初读课文了解大意,提出不懂的问题,收集与课文有关的资料等。

其次,要反复体会《教师教学用书》中的"教学提示"。

对"思考·练习"的提示为:"思考练习题重视对学生的自主学习、独立思考、合作学习的引导,鼓励学生发表自己的见解,并将理解和表达结合起来,加强综合性。""力求做到理解内容和品词品句、学习表达相结合,培养整体把握和综合运用的能力。""采用多种形式引导学生积累语言,努力体现让学生自主选择,主动积累。""加强了朗读、背诵,而且增加了自由度。""充分利用'思考·练习'中的问题,启发学生阅读、思考和讨论,以便更好地理解课文内容。"

第三,要分析文前的"预习"及文后的"思考·练习"。

《观潮》的"预习":钱塘江大潮是出现在浙江省杭州湾钱塘江的涌潮。本文作者把它写得雄伟壮观,有声有色,读了使人如临其境。认真读读课文,自学生字词,再想想"潮来前""潮来时""潮头过后"的景象。

这番话是对学生说的,也是对教师说的。因此,在教学设计上,要根据"钱塘江大潮是出现在浙江省杭州湾钱塘江的涌潮"的要求让学生课前查阅有关资料,知道"潮"的有关知识,了解钱塘江的位置和钱塘江大潮的成因等。根据"认真读读课文,自学生字词"的要求,安排检查预习环节。检查课文朗读情况,生字词的掌握情况(字音可以通过朗读课文检查,词义可在理解课文环节落实检查)。根据"本文作者把它写得雄伟壮观,有声有色,读了使人如临其境"和"再想想'潮来前''潮来时''潮头过后'的景象",安排理清叙述顺序、概括主要内容的训练,以及想象训练等。

《观潮》的"思考·练习"编排了4题。

第1题:朗读课文。背诵课文第三、四自然段。

可见,应该用默读、自由读、比赛读、轮流读、表演读等方式反复朗读,熟读成诵;第三、四段是全文叙述的重点,也是教学的重点。

第2题:默读课文,边读边想象,再说说"潮来前""潮来时""潮头过后"的壮观景象,用上课文中生动的词语。

这里有三个信息。一是方法:边读边想象、用文中词语复述。二是目标:能按一定的顺序复述景象,复述能够用上课文中生动的词语。三是提示:要求学生找出文中写景的生动词语,并学习运用。为此,应通过反复朗读、对照插图等方法,使学生置身其中,感受、体验大潮的雄伟壮观。也可以安排听泛读想象;复述情景;看图说(写)情景等学习活动,训练想象力、观察力和表达能力等。

第3题:按照课文内容,并说说这样写好在哪里。浪潮越来越近,犹如(　　　　),浩浩荡荡地(　　　　);那声音如同(　　　　),好像(　　　　　　　)。

这里也有三个信息。一是方法:根据课文内容填空;分析赏析精彩句子。二是目标:熟读课文,能按原文填空;学习用打比方的方法描写景物。三是提示:积累好词佳句;说(写)的训练点:用打比方的方法描写景物。课文中打比方的句子很多,为此,要安排学生找打比方的句子,引导学生分析赏析;也可以组织写打比方句子的训练,或用打比方的方法写一段话来描写景物等,用以打通读写。

第4题:把课文中由四个字组成的词语抄写下来。

这既是写字训练,也是词语积累的训练,且与"积累·运用 六"的读读背背相结合。

对教学内容经历以上的一番分析之后,教什么的问题已经明晰。接下来,要解决教学目标的确定问题。一般情况下,教师是把《教师教学用书》上的"学习目标"搬到教案上,在自己的头脑中并没有留下痕迹。抄在本子上的几点目标,不代表教师真正领会了,不表示教师真正能够把目标落实到教学设计中和课堂教学中。只有自己切实研究了一番,化为自己的,才能真正做到根据目标设计教和学,实施课堂教学。

编制教学目标一般要经历以下五步:

1. 通览教材、学习课标(大纲),弄清所教篇目的内容要点及其在单元(组)和教材体系中的位置。

2. 根据学生的实际水平和所学内容的相对独立性,按课后习题的要求,确定若干个要点作为教学的目标。

3. 把所学课文在认知目标上细分为不同要点(如:字、词、句、篇),确定学生对各内容要点掌握的水平层次:识记、理解、运用、综合。

4. 对每一学习水平的活动形式,定出具体的教学目标,并用可以观测到的外显行为方式描述出来。

5. 列出双向细目表，表示教学目标。根据目标要求选择对应的问题(提问的问题、训练题等)，用来检测学生对要点掌握与否。

如《观潮》教学目标：

表1-3 《观潮》教学目标

内容要点＼学习水平	识记	理解	运用	综合
字：1. 学会本课14个生字，能正确读写生字，读准多音字。	√			
词：2. 联系上下文，理解新词的意思。 3. 找出文中的四字词语，并能正确书写。	√			
句：4. 找出文中打比方的句子，能说出其好在哪里，并在全班交流。 5. 学习用打比方的方法写景。		√	√	
篇：6. 朗读课文；能背诵课文第三、四自然段。 7. 理清课文叙述顺序，学习作者按照观潮顺序记叙景物的写作方法。 8. 抓住课文主要内容，观察图画，想象钱塘江大潮的雄伟壮观的景象。 9. 能用课文中生动的词语复述景象，表达对祖国大好河山的热爱之情。			√ √	√

这个教学目标的确定，较之《教师教学用书》上的表述，有以下五点明显的不同：

1. 更加明确具体。如："理清课文叙述顺序，学习作者按照观潮顺序记叙景物的写作方法"。

2. 更加全面，不仅有知识和能力，还有过程和方法、情感态度和价值观。如："联系上下文，理解新词的意思""在全班交流""能用课文中生动的词语复述景象，表达对祖国大好河山的热爱之情"。

3. 具有质的规定性，识记、理解、运用、综合，要求明确。

4. 可以检测学习的效果。如："学会""学习""用课文中生动的词语复述"。

5. 可以观察。

工作任务2　表述教学目标

崔峦老师曾经指出："备课时对教学要达到的目标进行整体思考，既要明确三维目标的达成度，又要明确实现目标的方法、手段、策略，而后用简明的、条分缕析的、策略与目标相联系的语言加以描述。"

一、教学目标的两种叙写方式

一种称之为"分解式目标"，按照"知识与能力""过程与方法""情感态度与价值观"三个维度进行设计，每个维度根据实际情况罗列若干小目标。这种叙写方式，思路清晰，具体明确，便于操作。

请看人教版第一册《小松鼠找花生》的教学目标设计。

1. 知识和能力

① 会认读 12 个生字,会写"生、里、果"3 个生字,会认偏旁"言"字旁。

② 练习正确、流利、有感情地朗读课文。

2. 过程和方法

① 学习独立认识生字,分析生字。

② 展开联想,续说故事。

3. 情感态度和价值观

喜爱读有趣的科学童话,愿意去了解科学知识。

另一种称之为"交融式目标",它在叙写时不会出现"知识和能力""过程和方法""情感态度和价值观"这几个明显的提示语,但它的每一点目标却极好地把二维乃至三维的目标都交融在一起。最大的优点就是叙写方便。

请看浙教版第十二册《古诗两首》的教学目标设计。

① 借助教材注释,结合课外资料,通过独立自主地学习,正确理解两首古诗的大概意思。

② 咀嚼和体悟重点诗句的情味,在反复诵读与融情想象中,感受诗歌的情绪和意象,受到心灵的熏陶和滋养。

③ 在两首古诗的对比参读中,初步感受借景抒情的表达方式,明白诗与诗之间的内在联系,体悟诗人忧国忧民的情怀。

在目标①中,"借助""结合""通过",体现"过程与方法"的维度;"正确理解"表现"知识与能力"的维度。此目标可属于"二维整合性目标"。再看目标③,"对比参读""明白"体现"知识与能力"的维度;"在……中"体现"过程与方法"的维度;"初步感受""体悟"则关注学生的"情感态度和价值观"。这个目标就属于"二维整合性目标"。

二、教学目标表述的步骤和方法

一般说来表述规范、明确的具体行为目标应该包含行为主体、行为动词、行为对象、行为情境、行为标准五个部分,通常把它们叫作具体行为目标的五个要素。一个规范而完整的行为目标的陈述如下:

行为主体＋行为动词＋行为条件＋表现程度,即学生做什么,在什么情况下达到什么标准。

例如:

学生(行为主体)在通读完全文后(行为情境),找出(行为动词)至少三种(行为标准)课文中所运用的修辞(行为对象)手法。

◆ 行为主体

行为主体指实现教学目标时学习行为的执行者,它应该是学生而不是教师,因为学生的学习行为才是具体行为目标陈述的内容。许多教参中的目标陈述通常表现为"教给学生……"或"培养学生……"的范式,其实这种陈述方式描述的是教师的行为,但教师并不是学习行为的执行者,而是教学行为的实施者。规范的行为目标的开头应该是"学生应该……"的范式。

◆ 行为动词

行为动词用来描述学生在实现教学目标时的确定行为,它可以分为含义明确的动词和含义含糊的动词两种。含义明确的动词如写出、背出、列出、辨别、比较等,具有可操作、可观察、可检测的特点;含义含糊的动词如知道、了解、欣赏、喜欢等,较前者难于操作和评价。为了有效提高教学目标的客观性和操作性,应尽可能选用那些意义确定、易于观察的行为动词,避免使用"懂得""了解"等难以观察的行为动词。

◆ 行为对象

行为对象是指确定的学习行为所涉及的内容,相当于行为动词的宾语,主要具体说明教学过程中学生确定的学习事件。例如"找出文中所用的修辞手法"。

◆ 行为情境

行为情境指影响学生产生学习结果的特定限制或范围,主要说明学生在何种情境下完成指定的学习行为,例如"读完全文后""新课学习前""课堂讨论中"等。

◆ 行为标准

行为标准指学生对教学目标所达到的最低表现水准,标准的说明可以定量或定性,也可以二者都有。行为标准通常可以采用以下三种方式。

① 用完成行为的时间来衡量行为的表现,例如"3分钟内完成"。

② 用完成行为的准确率来衡量行为的表现,例如"完全无误"。

③ 用完成行为的成功特征来衡量行为的表现,例如"80％的学生"。

通过具体行为目标的陈述来规范学生的学习行为,可以避免课堂教学事件的盲目性和随意性,提高课堂教学效率。

三、案例研习

例一:学生　能在5分钟内,　朗读　完课文,做到　正确、流利。
　　　主体　　条件　　　　动词　　　　　　　程度

例二:《旅行家树》教学目标

① 能认识 本课的6个生字;能联系课文内容　理解
(行为动词) (行为程度) (行为条件)　　(行为动词)

"华丽、秀丽、婀娜多姿、寸草不生、肃然起敬、肥沃、贫瘠",
　　　　　　　　　　(行为程度)

　并积累　　这些词语。
(行为动词) (行为结果)

② 能在熟读感悟的基础上,尝试借助 图片或板书,
　　(行为条件)　　(行为动词)(行为条件)

　　运用　积累的课文中的词语　介绍旅行家树的外形特点、生活环境。

（行为动词）（行为结果）　　　　　　（行为结果）

③ 能通过阅读　　了解到　　旅行家树树名的由来，

（行为条件）（行为动词）（行为程度）

并能感受到 作者对旅行家树的敬佩之情。

（行为动词）　　　　　（行为程度）

四、确定教学目标注意点

在进行具体的目标设计时，应注意以下三点。

1. 要体现"三位一体"的课程功能。

知识与能力、过程与方法、情感态度与价值观"三位一体"是学科课程的基本功能，也是素质教育在教学中体现的三个维度。这一点在教学目标设计时要予以充分体现。

2. 要紧密结合教学内容的特点和学生的实际。

现代教学设计是一种系统设计，单是教学目标的编制也要考虑诸多方面因素。但有两点是最基本的要素：一是教学内容（很多时候取决于教材内容）的特点；二是学生的具体实际。我们的自由发挥与创造是不能逾越这两个基础的。

3. 目标陈述要明确、清晰，教学过程要努力"兑现"目标预期。

目标陈述要明确、清晰，除前面说的要选好行为动词外，还在于用词达意用语准确而有分寸，体现目标达成的层次性与区分度。

目标设计的明确与清晰，便于在教学中落实与检测。同时，目标设计时也要充分考虑到能否在教学过程中通过哪些具体环节来予以兑现。不能兑现预期目标，就成了目标与教学过程两张皮，就说明设计的通盘考虑存在问题，有必要调整目标设计，包括陈述的准确与具体。

五、实战演练

1. 请为《黄河是怎样变化的》（人教社四年级下册第 10 课）一文设定教学目标。

2. 请写出《我的伯父鲁迅先生》第二课时的教学目标。

工作任务 3　评述教学目标

一、评述教学目标的方法

教学目标的分析从以下两个角度进行评述。

1. 目标的把握：是否按照"知识与能力""过程与方法""情感态度与价值观"三个维度进行设计？

2. 目标的叙写：是否明确表述教学后学生应该达到何种结果？可否体现目标达成的层

次性和区分度？能否让教学具有可操作性与教学效果的可测度性。

具体说来,评述教学目标就是看是否达到以下三个要求：① 恰当——教学目标的适切性。符合课标规定的年段目标和教材特点,适合本班学生的水平,学生经过努力可以达成。宁少勿多,宁低勿高。② 明确——教学目标的可操作性。用清晰明白的语言描述学生通过学习后行为发生的变化,可操作、可测量、可评价。③ 全面——教学目标的完整性。教学目标包含知识与能力、过程与方法、情感态度与价值观三个维度,相互渗透,融为一体,避免顾此失彼。

二、实战演练

1. 下面是一位教师教学《我的伯父鲁迅先生》第二课时的教学目标：

① 抓人物语言、动作、神态等反复揣摩,体会鲁迅"博爱"的胸怀；

② 通过"读写拓展"等生动有趣的言语实践活动,发展语言；

③ 在读中提升情感,唤起对鲁迅"博爱"的共鸣。

请从目标把握和目标叙写的角度进行评述。

2. 请看《黄河是怎样变化的》(人教社四年级下册第 10 课)一文设定的教学目标：

知识目标：① 认识 8 个生字；② 掌握"摇篮、生息繁衍、忧患、植被、水土流失"等词语的意思；③ 指导学生了解黄河的过去和现在,知道黄河变化的原因及其内在联系。

技能目标：① 引导学生理清课文脉络,给课文分段,粗知文章大意；② 组织学生搜集有关黄河的资料,培养积累材料的能力；③ 继续培养有感情地朗读课文的能力。

情感目标：① 引导学生体会课文语言的生动,感悟词句表达的感情；② 培养学生的民族忧患意识。

请从目标把握和目标叙写的角度进行评述。

工作任务 4　确定教学重难点

确定教学重点、难点要了解课文本身的重点、难点与教学重点、难点的关系：前者是确认后者的依据之一,有时二者相同,有时二者不同,主要根据单元教学要求、课文本身的重点难点和学生实际而定。

一、教学重难点的确立方法

1. 根据课程标准确定重难点。

《烟台的海》这篇课文以生动的笔触,描写了烟台的海独特的景观：冬日的凝重、春天的轻盈、夏天的浪漫、秋日的高远,及在大海的背景下烟台人的劳动与生活,激发人们热爱大自然、热爱生活的感情。作者在描写四季景观时,用词精美、语言流畅,极富感染力,是一篇不可多得的写景状物范文。本课教学的重点与难点如下。

教学重点：① 正确流利有感情地朗读课文,从中体会语言的生动与精妙；② 了解烟台四季不同的海上奇观,教给学生"总—分—总"的结构方式。

教学难点：理解"烟台的海是一幅画，是一道广阔的背景，是一座壮丽的舞台"的含义，了解烟台四季不同的海上奇观与人的密切关系。

2. 根据教材内容确定重难点。

在备课时要认真梳理教材，找出新知与旧知之间的差异，并把"学会掌握新知"作为该节课教学的重点，在探索学习新知的过程中，学生感到困难、产生疑惑的地方就是教学的难点。如苏教版六年级下册《聂将军与日本小姑娘》这篇课文，真切而生动地叙述了聂荣臻将军关心照料在战火中受伤的两个日本小孤女，并设法将她们送往日军驻地的经过，反映了聂将军宽仁大义和中日人民深厚的友谊。根据教材的这一说明，可知这是一篇通过具体的事情反映人物高尚品质的课文。于是，把教学的重点确定为感受聂将军的慈善心肠和宽厚襟怀，让学生在熟读课文的基础上，能联系课文内容说出日本人民为什么称聂将军是"活菩萨"，是"中日友谊的使者"；难点确定为理解聂将军关心日本孤女是中日人民深厚友谊的体现，认识到中日友好是两国人民的共同愿望。

3. 根据单元主题确定重难点。

语文教材的编排是围绕训练主题进行编选的。每一个单元都有自己独立的训练目标。在备某一课时，可先从文章所在的单元去研究、揣摩编者的意图以及文本对学生人格熏陶的价值所在，然后根据单元目标、重难点确定出该篇课文的教学重难点，最后围绕重难点进行教学设计和教学实践，让学生在教学中自觉地"动脑思考、反复阅读、用心体验、尝试练笔"，以达到学生人格与能力的健康和谐发展之目的。

《莫泊桑拜师》《理想的风筝》《孔子游春》是苏教版小学语文六年级下册第七单元的三篇课文，这三篇课文中都涉及师生进行教育活动的相关话题，编者之所以要把这三篇课文编排在一起，其目的就是要充分运用文本中主人翁出色的精神品质因子来浸润学生，让其受到根深蒂固的教育影响。《莫泊桑拜师》是该单元的第一篇，主要描写从小酷爱写作的莫泊桑为了能够写出好作品，拜福楼拜为师，得到悉心指导的事，表现了莫泊桑对所酷爱的事业执着追求的精神和福楼拜热心提携后辈，关心文学青年的名师风范。根据单元的主旨，把这篇课文的重点确定为：有感情朗读课文，通过莫泊桑拜师的故事，让学生知道仔细观察、不断积累、勤奋练习是提高写作水平的必由之路。难点确定为：理解课文内容，感受福楼拜循循善诱和莫泊桑虚心好学、勤学苦练的精神。

4. 根据认知基础确定重难点。

一般说来，中年级的重难点为词语、句子的学习。高年级教学的重难点为写作方法的学习。（作者怎样描写？达到什么效果？）

新课程理念强调：课堂教学要面对全体学生，让每一个学生都能可持续发展。然而，自然界中没有完全相同的两片树叶，学生也因兴趣爱好、个性特点、智力水平等不同，其认知基础也存在着较大区别。在教学中，教师必须认真考虑教学的实质性效果。如果教师把学生的发展束之高阁，其教学重难点确定得过高，那整个教学必定是徒劳无功的。

因此，在教学前教师必须深入了解学生原有的知识、技能、兴趣、需要、思想、学习方法和学习习惯，并充分预见学生在学习新知识时会有哪些困难、会产生哪些疑惑，应采取何种对策。为避免教学中的主观主义和盲目性,应根据实际科学地确定静态和动态相结合的重难点。

倘若原来确定的难点多数学生并不感到困难,教师就不必花过多时间和精力,要是学生提出教师事先未估计到的疑难问题,那教师就须慎重思考、合理引导。《长江之歌》这篇课文,从文学体裁的角度看,它是一篇抒情韵味很浓的散文诗。在诗中,作者没有实写长江的景象,而是采用第二人称,将长江作为一个抒情对象,赞美她的"风采""气概""情怀"。其中涉及她的发源、流向,关注她的历史未来。这篇课文属春季学期初的第一篇课文,教学时,考虑到学生的家庭文化底蕴薄,加之又经历一个寒假期,估计大部分学生还没能进入学习状态。于是,在设计教学重难点时,降低了一个层面。其教学重点:① 正确流利有感情地朗读课文、背诵课文,体会诗歌的美;② 通过反复朗读来理解长江是"无穷的源泉""有母亲的情怀"。教学难点:感悟作者对祖国大好河山的热爱之情,培养学生的爱国主义情怀。

5. 根据文体特点来确定重点和难点。

记叙文的主旨一般为赞扬某人的品质、抒发对某人的感情(写人记叙文),揭示某种道理或某事的意义(记事记叙文),赞扬某种景色或某个地方(写景记叙文),托物言志(状物记叙文)等。散文教学内容的重点难点则在于体悟作者独特的态度、看法、情感。说明文教学,则可以从说明方法、说明顺序、说明语言等方向确定教学重难点等。

一般说来,可以把以下内容列为文本教学的重难点。(1) 最基本的:基本性知识。(2) 最核心的:在一篇课文中居于重要地位的篇章结构、整体形象、思想感情、文章主题、表达方法等,如一篇课文的主题思想,一句话的真实含义。(3) 最主要的:主要章节、段落、主要人物、主要线索、重要词语等。(4) 最有用的:对学生的发展有重要作用的。(5) 最关键的:对实现教学目标起到举足轻重作用、能牵一发动全身的"那一发",要做重点处理的内容。

二、案例研习

案例:

《燕子》教学重难点

教学这篇课文,一是让学生了解"赶集似的聚拢来"的生机勃勃的春天景象,体会燕子的外形特点和活泼可爱,激发学生对充满活力的春天的向往和热爱的感情;二是学习作者细致观察、丰富的想象及一些表达方法。

引导学生体会燕子的可爱以及作者细致观察和描写生动的方法,是这篇课文教学的重点。

三、实战演练

1. 请为《黄河是怎样变化的》(人教社四年级下册第 10 课)一文设定教学重难点。
2. 请写出《我的伯父鲁迅先生》第二课时的教学重难点。

项目四 教学内容的选取技能

工作任务 选取教学内容

教学内容是指为实现教学目标而要求学生系统学习的知识、技能和行为经验的总和。

选取教学内容主要是分析学习内容的类型；确定学习内容的范围和尝试明确教师应该"教什么"，学生应该"学什么"的问题；提示学习内容中各项知识与技能之间的相互关系，为教学顺序的安排打下基础，给教师"如何教"和学生"如何学"提供指导，从而促使学生达到教学目标所确定的标准。选取教学内容的过程就是对教材的再加工过程，需要对教材剪裁、取舍、编排和组织。关于教学内容的选取，教育专家有如下阐述。

叶圣陶提出：最早以"用教材教"作出权威解释，依照内容价值观的理解就是用教材教什么内容。他说国文教学的重心在于语言文字，虽然国文教学富有教育意义，但这不是他的专任，国文教育自有它独当其任的任，那就是阅读与写作训练。

吴忠豪教授提出：一堂语文课，如果教学内容有问题，那么教师的教学再精彩，课堂的气氛再热烈，再活跃，价值都极为有限。

崔峦教授提出：语文教学要依据年段目标、单元目标、课文特点、课后思考练习等，综合确定每课的教学内容。

王荣生教授提出，语文课"好课"的最低标准是：（1）教师对自己的教学内容有意识，即知道自己想教什么、在教什么，并且知道自己为什么教这些内容；（2）一堂课的教学内容相对集中因而使学生学得相对透彻。

一、教学内容选取的处理方法

具体说，教师先要作为一般读者阅读教材，钻进去，潜心会文本，披文以入情，与作者产生情感的共鸣，再跳出来，站在学生的角度，依据教学目标，结合课文特点及思考练习题，在对课文语言来一番虚心涵泳，切己体察的基础上，确定本课语言训练的内容，诸如需要理解的词句，需要积累的语言，需要习得的学法，需要揣摩的写法，即找准语言训练的重点。

1. 根据课标要求确定教学内容。

课程标准规定并预设了各学段各年级的教学目标、教学内容、教学要求，是指导教育教学的纲领性文件，是确定教学内容的重要依据。因此，确定教学内容，应该依据课程标准。

比如，语文课程标准就各学段语言形式的教学分别提出了要求。

第一学段："阅读中积累词语""感受语言的优美""阅读中，体会句号、问号、感叹号所表达的不同语气""背诵优秀诗文50篇（段）"。

第二学段："体会课文中关键词句在表情达意方面的作用""初步感受作品中生动的形象

和优美的语言""体会句号与逗号的不同用法,了解冒号、引号的一般用法""积累课文中的优美词语、精彩句段,以及在课外阅读和生活中获得的语言材料""背诵优秀诗文 50 篇(段)"。

第三学段:"辨别词语的感情色彩""了解文章的基本说明方法""推想课文中有关词句的意思,体会其表达效果""初步领悟文章基本的表达方法""体会顿号与逗号、分号与句号的不同用法""诵读优秀诗文,注意通过诗文的声调、节奏等体味作品的内容和情感""背诵优秀诗文 60 篇(段)"。

要注意的是,"哪些优美的语言形式""哪些基本的表达方法""哪些基本的说明方法""关键词句、标点、节奏、声调在表情达意中的哪些具体作用"等,课程标准并没有具体提出,这就需要我们针对具体课文提出语言形式方面的具体要求。如人教版教材《猴王出世》是一篇略读课文,浙江省金华师范学校附属小学王春燕老师选择了下面这个内容:

"那猴在山中,却会行走跳跃,食草木,饮涧泉,采山花,觅树果;与狼虫为伴,虎豹为群,獐鹿为友,猕猿为亲;夜宿石崖之下,朝游峰洞之中。"

她为什么要选这个内容呢?这段话藏着秘密——内容与语言高度融合:第一,三个字的短句排列着,表现石猴的好动;第二,四个字的短句排列着,表现石猴的乐群;第三,最后一个分句是对子,表现石猴的自在。她把教学的着力点放在"言语形式探究与内容理解和谐统一"上,带领孩子们研究语言,品味语言,感受经典名著的语言魅力。

语文课程教学已从原来的学习课文思想内容转变为学习语言文字的运用。语文教师必须明确:学习语言文字运用是语文课程主要目标,语文课要围绕这一目标来组织教学过程。此外,语文课程教学从教师讲读课文为主的课堂教学形态转变为以学生语文实践为主的课堂教学形态。因此,语文课的教学内容应选取反映语文课程本质特征的、本门课程承担的教学内容,主要指语文知识、语文学习方法和语文技能等本体性教学内容。

2. 依照教学目标、着眼于学生发展,精选教学内容。

教学目标是师生通过教学活动预期达到的结果或标准,是对学习者通过教学以后将能做什么的一种明确的、具体的表述,主要描述学习者通过学习后预期产生的行为变化。依据教学目标,结合课文特点及思考练习的提示,确定本课语言训练的内容,瞄准课文的重点,训练的难点,学生的疑点,语言发展的生长点,培养的技能点,情趣的激发点,思维的发散点,合作的讨论点,渗透的育人点,知识的引申点等,在此基础上精选出课堂的训练点。

3. 根据教材内容和编者意图确定教学内容。

教材是课程标准的具体化,具体体现了课程标准对教学目标、教学内容、教学要求的规定与预设。因此,确定教学内容,应该以教材安排和编辑意图为依据。可以从三个方面去解读教材编写意图:一是立足整体解读教材编写意图确定中心教学内容,将单篇课文放在单元乃至整本教材的框架中,做到整体把握,选择出最有效的教学内容;二是立足局部细读教材编写意图确定具体教学内容;三是立足个性解读教材编写意图确定差异性教学内容。(具体可参看文本解读章节)

一般说来,每篇课文的学习价值主要体现在三个方面:

一是文化价值,例如让学生了解鲸的特点及生活习性,知道圆明园是怎样毁灭的等。

　　二是语文知识方法学习和技能训练,通过课文实例,让学生认识如何遣词造句,学习阅读写作方法。

　　三是原材料积累,包括生字、词语、句子的积累,通过大量规范的书面语言材料的输入,丰富学生的词语搭配、词句组织等语感经验,当然每册教材都设有训练专题,每单元又设有训练重点。

　　我们要清楚地了解教材的编写意图,根据不同年段不同文本特点选择教学内容。

　　4.依照选文功能选择教学内容。

　　依据王荣生教授的看法,语文教材里的选文,大致可以鉴别出四种功能类型。

　　(1)定篇:一般指经典名篇,学习它们是为了传承文化,学生学习的是经典的丰厚蕴涵,掌握选文本身。教学时,要"彻底、清晰、明确地领会"文章内涵。对于定篇功能的课文着眼于文本内涵的理解与领会。

　　(2)例文:夏丏尊先生提出,语文课程的内容应该是一个个的词句以及整篇的文字所体现的词法、句法、章法等"共同的法则"和"共通的样式"。"选文"则主要是说明"共同的法则"和"共通的样式"的"例子"(例文),此类课文着眼于语言知识的掌握。

　　(3)样本:"教材的性质同于样品,熟悉了样品,也就可以理解同类的货色。""知识不能凭空得到,习惯不能凭空养成,必须有所凭借。那凭借就是国文教本。国文教本中排列着一篇篇的文章,使学生试去理解,理解不了的由教师给予帮助;从这里,学生得到了阅读的知识(即方法)。更使学生试去揣摩它们,意念要怎样地结构和表达,才正确而精密,揣摩不出的,由教师帮助;从这里,学生得到了写作的知识(即方法)。"(叶圣陶语)教学时,是为了掌握读和写的方法。与定篇一样,作为样本,也同时需要教学与"样本"相关的许多方面,但是,这许多方面主要不是来自选文本身,更不是来源于权威——专家、教材编撰者、教师的阐释,而主要取决于学习者读与写以及文学鉴赏的现实状况。"样本"的课程内容不是事先约定的,随着学生技能的增加,随着学生对"知识"的经验的增加,按照叶圣陶教学论系统的逻辑,教师所教学的"知识"会逐渐减少,最后减少到几乎用不着再出现新的"知识",这也就是"教是为了不教"。着眼于读写方法的掌握。

　　(4)用件:这是针对上述"定篇""例文""样本"三类"学件"提出的。它关心的是课文的内容,即课文"说了什么"。学生其实不是去"学"文,而主要是"用"这一篇里的东西("信息"),"借选文所讲的那东西触发,去从事一些与该选文或多或少有些相关的语文学习活动",即着眼于语文内涵、知识和读写方法的综合运用。

　　5.根据不同文体特点确定教学内容。

　　课文文体不同,其表达方式、语言运用、语体风格、语用特色等也会各不相同。不同文体的课文,要求掌握的知识点各不相同,要求培养的能力点各不相同,其教学内容的确定也应各不相同。因此,选取教学内容,应该以课文文体为依据。

　　(1)叙事性作品教学。

　　教学中引导学生了解事件梗概、文章的表达顺序,体会作者的思想感情,初步领悟文章的表达方式;比如教学小说,应紧扣故事情节、人物形象、表现手法等"小说的"知识来进行。

（2）诗歌教学。

让学生大体把握诗意，想象诗歌描述的情境，培养想象能力，体会作品的情感，受到优秀作品的感染和激励，向往和追求美好的理想；教学应紧扣意象、意境等"诗歌的"知识来进行。

（3）说明性文章教学。

指导学生能抓住要点，了解文章的基本说明方法、结构形式、说明顺序、语言特点。

6. 针对学生实际，着眼于知识拓展，整合教学内容。

还要根据学生的学情，选择真正适合学生的教学内容及方式，让教学对学生能力的发展有切实的帮助。

（1）小练笔：写感悟，重在情感体验、延伸、理解文本。

（2）仿写：学习作者的表达方法，融会体悟文本。

（3）改写：积累优美的词句，从不同的角度审视文本。

（4）补写：发挥想象，合理延续文本。

（5）扩写：在语言的理解处涵咏文本。

（6）写背景：学会归纳整理，加深理解文本。

7. 遵从适度原则，着眼于学生接受把握内容度量，选择和重组教学内容。

教学内容一旦不符合学生认知实际，超出了学生的可接受度，也就没有意义、没有价值。有限的时间，有限的空间，如果我们追求面面俱到，把自己的"一桶水"全部倒出来，并希望学生能够全盘接受，到头来学生对所了解和认识的知识就会"半生不熟"，长时间下去，教学效果可想而知。为了有效适宜地确定教学内容，就必须了解学生目前知道了什么、不知道什么、需要知道什么、必须让学生知道什么等一系列问题，遵从适度原则，着眼于学生接受把握内容度量，选择和重组教学内容。

二、教学内容选取处理步骤

找出课文中什么是学生已经懂的——检查；

找出课文中什么是学生不懂但自己看教材可以懂的——概括与提炼；

找出课文中什么是学生不懂、看教材也不懂通过合作学习可以弄懂的——讨论与交流；

找出课文中什么是必须老师讲的——讲授与阐明；

找出课文中什么是老师讲了也不懂必须通过实践才能懂的——活动设计与示范。

三、教学内容选取应注意的问题

在教学内容的选择上，还得注意三点：（1）教学内容相对集中。教学内容少而精，是课堂教学的基本准则。小学的一节课只有 40 分钟，一个班的学生大多有四五十个，要让学生学得比较透彻，有两三个"教学内容点"就足够了。（2）"整合"是上佳的选择。如果每篇课文都从上述七个方面去选择教学内容，各自为政，互不相干，那一节课的教学内容必定多而零乱。不少课文，语言习得和人文熏陶的结合处是教学的重点，也可以成为课堂教学的亮点。我们要尽可能选择这样的内容，通过研读赏析，实现语言习得、形象再现、情感熏陶、表达方法学习等一举多得。(3)教学目标和教学内容互动。在课程标准规定的年段目标范围内,一篇具体的课文,教学内容选择和教学目标确定应当是一个反复互动的过程:根据目标选择教学内容;选定教学内容后修改教学目标,不断考虑教学目标的合理性和内容选择的适切性,才能产生良好的教学效果。

四、案例研习

《为中华之崛起而读书》教学片段

何　捷

……

二、扫雷,认读生字词

焦点　列强　繁华　风和日丽　灯红酒绿　热闹非凡

打破砂锅问到底　　　清晰而坚定

师:这篇课文中有许多四个字的成语,请大家多读几遍,先记住它们,积累起来,在平时写作中争取用上。【幻灯展示:四字词语】

师:还有些词串,未必是四个字的,也很值得我们积累。

【幻灯展示:打破砂锅问到底,清晰而坚定】请你们联系课文内容,把这两个词语串联起来说一句话。

师:还有一些词,由于特定的时代,理解起来有困难,需要我们查找一些资料。例如"列强""租界",谁知道?

师:借助【幻灯展示:租界内外的实景图】讲解"列强、租界"的意思。

师:有一些词,光看字面意思还不行,联系课文才能理解更透彻。比如"欺凌",谁来说说这个词的意思?

生:欺负,欺压,侮辱……

师:课文中是怎么说的,中国人受到怎样的欺凌? 谁能给咱们读一段课文,帮助大家具体地理解这个词的意思?

师:大家一起读一读这部分内容,这就叫作"联系上下文"来理解。一边读,一边感受当时的中国人在自己的国土上受到怎样的欺凌。

【评析:第二学段学习字词积累与运用是重头戏,它既是学习目标,又是学习内容。教师能根据不同的词语,采用多种方法理解、积累,或归类,或联系语境,或借助插图,或造句,化难为易,注重实效。最值得称道的是,词语的教学,巧妙地融合了对课文内容的了解,一石二鸟。】

三、初读,把握文脉

1.把握大意。

师:这是一个少年周恩来的立志故事,整个大故事中又带着三个小故事。现在请大家来比赛,看谁读书最快,把三个小故事找出来。

师:说得很好。还可以简洁一些。老师也尝试着概括了三个故事的小标题。大家看看,比比,和你们概括的有什么不同。

【幻灯展示：耳闻"中华不振"(1—6);目睹"中华不振"(7—8);立志"振兴中华"(7—8)】

师：是的,这就叫作概括。就要简简单单。

师：我是尽量把它们概括成一样的。这样有一种很整齐的美。现在,请大家把这几个小标题多读几遍,记在心里,慢慢学习概括,记住两个关键词：简洁,抓重点。【幻灯：简洁,抓重点】

2. 认识结构。

师：这三个小故事,它们是怎样排列的呢？先写什么,再写什么,最后写什么呢？

师：很好,看,原来这三个故事是这样排列的啊!【板画：串联式结构图】就像一串糖葫芦。我们读故事的时候,也要一个一个读,读好故事的来龙去脉,一个一个地品味,读出故事中的滋味。

【评析：第二学段学习字词积累与运用是重头戏,它既是学习目标,又是学习内容。教师能根据不同的词语,采用多种方法理解、积累,或归类,或联系语境,或借助插图,或造句,化难为易,注重实效。最值得称道的是,词语的教学,巧妙地融合了对课文内容的了解,一石二鸟。】

【评析：从寻找三个小故事,到归纳小故事大意,再到串联全文大意,呈现串联式结构图,变换方式,提高要求,变着法儿让学生从整体把握课文大意。此版块,既是对课文大意的把握,又指向于谋篇布局的剖析,阅读能力、写作能力的训练,巧妙融合。】

五、实战演练

1. 请选择《黄河是怎样变化的》(人教社四年级下册第 10 课)一文的教学内容。

2. 请说出《我的伯父鲁迅先生》第二课时教学内容的选取过程。

项目五　教学方法的选择技能

工作任务　　选择教学方法

一、小学语文常见教学方法

1. 朗读法。

朗读是小学语文教学中最重要最常见的一种教学方法。

2. 背诵法。

背诵是建立在朗读的基础上的,但是背诵的作用也是无可替代的,背准了才变成了自己的东西。

3. 默写法。

默写在小学课堂上一般都是在听写的前提下进行的,能读,能背不代表能写,从读到背再到写才完成了记忆的整个过程。默写是有一定难度的,小学生往往要花很大的精力在这上面,而老师往往也是通过默写来了解学生对知识的掌握情况。

4. 谈话法。

谈话不只是一问一答这么简单,它更重要的是交流。但它又主要以问题的方式在课堂上出现。谈话是一个师生互动的过程,也是在小学教学中常见的一种教学方法。

5. 讨论法。

在教师的指导下,由全班或小组围绕某一个中心问题各抒己见,共同研讨,相互启发,集思广益地进行学习的一种方法。

6. 练习法。

教师根据课文的特点精心设计练习题,让学生用完成习题的方式来理解文本内容、积累运用文本语言的一种教学方法。它增加了学生动手、动脑的机会,突出了语文教育的实践性,有助于提高教学效率。

7. 任务驱动教学法。

任务驱动是近年来受到广泛重视的一种教学模式,它强调把学习设置到复杂的、有意义的任务之中,通过创设学习者有兴趣的情境,设置驱动学习者探究的任务,让学习者合作起来解决问题,从而学习隐含于问题背后的科学知识,形成解决问题的技能和自主学习的能力。以下是任务驱动法的基本环节:

(1) 创设情境:使学生的学习能在与现实情况基本一致或相类似的情境中发生。

(2) 确定问题(任务):在创设的情境下,选择与当前学习主题密切相关的真实性事件或任务作为学习的中心内容,让学生面临一个需要立即去解决的现实问题。

(3) 自主学习、协作学习:不是由教师直接告诉学生应当如何去解决面临的问题,而是由教师向学生提供解决该问题的有关线索。如需要搜集哪一类资料,从何处获取有关的信息等。

8. "读、写"结合法。

由读到写是学生阅读能力的进一步提高和升华。这里说的写,并不是说写写生字、写写课文,而是从大语文教学观来考虑。语文教师耐心地、持之以恒地教给学生阅读方法,培养他们养成勤于动手,勤于练笔的习惯,逐渐培养他们写作的兴趣。

如《灰雀》一课时,让学生预习课文,找出喜欢的句子或段落,并说明喜欢的原因。许多同学找了描写灰雀外形及活动的句子:"两只胸脯是粉色的,一只胸脯是深红的。它们在树枝间来回跳动,婉转地歌唱,非常惹人喜爱。"当我让他们说明喜欢原因时,他们争先恐后地说开了。有的同学说:"作者不但用词用得好,还进行了详细的观察。"有的同学说:"作者的观察重点突出,重点观察了胸脯的颜色。"还有同学接着说:"我看作者太喜欢灰雀了,他把灰雀当成人来写。"最有趣的是王毅然同学的发言,他说:"老师,我认为婉转地歌唱中的'婉转'和惹人喜爱中的'惹'这两个词用得非常恰当、生动。婉转不仅写出了灰雀歌唱的声音,同时也引导我们把灰雀歌唱时的动作想象出来了。它不光脖子一伸头一抬,还有可能是翅膀和头很协调地扭来扭去才能发出婉转的声音。'惹'字是在写了外形和歌唱之后你想不喜欢它都不能……"一石激起千层浪,同学们纷纷发表自己的感想。

借此机会老师充分利用课前就已经布置的作业:你回家详细观察了什么动物?重点观察了它的什么?把你观察到的用生动形象的语言写下来。不一会,有的写了小白兔,有的写了大公鸡,有的写了大白鹅……不光写了外形,还写了步态、叫声以及吃相等,许多同学写得很形象、很具体。

二、教学方法的选择策略

任何一种教学方法都有它的适用时机和范围。在某一具体情境下是最优的方法,在另一情境下未必最优;反之,在一种情况下是低效的方法,在另一种情况下却可能很有成效。在选择教学方法时,必须注意以下五点。

（一）从教学的目标和任务出发选择教学方法

教学方法是实现教学目标和完成教学任务的重要手段,教学目标和任务不同,教学方法也应不同。如果目标强调的是获得新知识,则采用讲授法和发现法;如果目标是培养学生的某种技能、技巧,则采用以训练为主的练习法、讨论法等;如果目标是培养学生的自学能力,则采用自学辅导法、读书指导法等;如果目标是培养学生的思维能力与综合实践能力,则采用发现法、探究法等。坚持教学方法为教学目标和教学任务服务的原则,不会脱离目标与任务,盲目追求方法的新异。

教学的主要目的不是让学生记住教材的全部内容,而是让学生透过教材去把握渗透于其中的科学方法和认识态度。因此,教师所选择的教学方法应有利于培养学生的科学精神和科学态度,而不只是服务于知识性目标的达成。

（二）从教材内容出发,总体把握教学方法

教学方法的选用要服从于教学内容的需要。比如,就小学语文教学而言,我们可以根据课文的不同体裁选择不同的教学方法,记叙文采用导读法,写景文采用情境教学法等。

1. 情感类课文的教法选择。

这类课文包括记叙文、诗歌、散文等。在小学阶段教学这类课文时,教师多侧重利用多种手段创设相关情境,使学生在读词读句的过程中不知不觉入情入境,进入课文所描绘的"角色",在教师的指导下尝试用心、用情与文本、与作者对话,促进对文章内容的理解和感悟。

2. 哲理类课文的教法选择。

这类课文包括有寓言、童话、文言文等。这类课文的教法在知道学生学会词句、弄清文中的"事"的基础上,还得引导学生通过读懂"事"悟出其中蕴含的"理",然后再拓展延伸,使学生明白这个道理在现实生活中的普遍意义和指导作用。所以,教师多采用情境、扮演角色、对比、体验、质疑等方法组织教学。

3. 形象类课文的教法选择。

教材中选入的写人的记叙文一般都属于这类课文。它要求通过引导学生细读人物的外貌或语言、神态、心理以及环境描写等句子,去分析、推敲、揣摩、品悟,通过自己的感悟,构建与人物的对话,使得文中的人物形象栩栩如生地展现在学生面前,从而走进文本、走进人物的内心情感世界,准确把握文章的中心内涵。所以,教师通常较多运用情境法、启发法、质疑法、发现法、思路法、直奔中心法等组织教学。

4. 观察类课文的教法选择。

观察类课文包括部分科普文、写景状物类散文。这类课文的教学,除了赏析文中的美景、获得有关的知识、懂得相关语句的描摹效果之外,关键还在于指导学生学会用定点、换点、比较、反复、全面等多种观察方法,运用从上到下、从下到上、从左到右、从右到左、从外到内、从内到外、从整体到局部、从局部到整体等观察顺序观察事物,并能将观察到的材料进行分析、比较、综合等处理,既获得优美文句的体验,又习得观察描写方法。所以,教学这类课文,教师的侧重点不同,教学设计的程序大多不同,因为多种方法均有运用。

5. 事件类课文的教学模式。

小学语文教材中一般的记叙文(特别是记人为主)大多属于这种类型。这类课文的关键在于引导学生通过读书,指导其从时间、地点、人物这三个基本要素理清事件的起因、经过和结果,从而弄清事件的来龙去脉,理解事件的核心、人物的品质、文章的主旨。这类课文的教法与想象类的课文的教法选择有较多的相似之处,可以采用导读法、情境法等多种方法展开。

(三)了解各种教学方法的优缺点,用其所长,避其所短

例如,近年来,小组讨论法在中小学课堂教学中被广泛运用。它的优点很多,若设计合理、组织得当,则能充分调动全体学生参与课堂教学的积极性,培养学生的合作意识;但若组织不好,小组讨论就可能演变成少数人漫无边际的争论,这种所谓的讨论常常是无结果的、低效的。教师只有在了解各种教学方法优缺点的基础上,才能根据具体的教学情境作出最佳的选择。此外,教师还应考虑怎样将几种教学方法进行优化组合,以取得更好的教学效果。

(四)从自身的实际出发,选择最能发挥自己特长的教学方法,扬长避短

如果自己习惯的教法在实践中行之有效,就不妨驾轻就熟,用自己擅长的教法去教,而不必一味地模仿别人或盲目赶潮流。有的教学方法虽然很好,但如果教师缺乏必要的素养驾驭不了,也没有必要照搬。

(五)从学生角度出发选择教学方法

选择教学方法必须要考虑学生的年龄特点、心理特征、知识基础和认识能力。教法改革要建立在研究学法的基础上。教学方法的选择应该体现两个"有利于":(1)有利于学生形成良好的认知结构;(2)有利于发挥学生的主体作用。

此外,教学方法的选择和使用还应考虑学校的环境因素,要充分利用学校的各种有效资源。

项目六　教案(教学设计)编写技能

工作任务　编写教案(教学设计)

一、教案(教学设计)编写内容(要素和步骤)

课题(课文标题或训练内容题目)

教学目的(又称教学目标)

教学重难点

课型(自读课、教读课、练习课、讲评课、复习课、考核课、活动课)

教学方法

教学用具

课时安排(所需课时数)

教学过程(即"教学程序")(主体)

作业设计

板书设计

教学后记(又称教学小结、教学回顾)

二、教案(教学设计)编写格式

(一)文字式小学语文学科教学设计书写模板

课题

教材分析

学情分析

设计思路

1. 教学目标

2. 教学重难点(教学重难点是由教学目标衍生出来的,是依据教材确定,着重让学生掌握什么;难点是依据学情而定的)

3. 教学方法(根据课型来确定教学方法)

4. 教学时间

5. 教学准备

教具准备(根据所上课的内容及自己实际情况来准备教具)

学具准备(根据学生实际情况及课的内容准备)

6. 教学过程

7. 作业设计

8. 板书设计

9. 教学反思

（二）表格式教学案结构图表

表 1-4　教学案表格

《××》教学案

单位：_____　　年级：____　设计者：_____　时间：_____　联系电话：_____

课　　题		课　　型		案　　序	第×课时
教学目标					
教学重点					
教学难点					
课前准备（教具、活动准备等）					
教　学　过　程					
教学步骤	教师活动		学生活动		设计意图
附板书设计：					

三、案例研习

案例一：

课题：《鱼游到了纸上》

授课人：黄宝珠①

设计理念：阅读教学是教师、学生、编者与文本之间的对话过程。教师不能以教师的分析来代替学生的阅读理解。语文课程是一门实践性课程，应该培养学生的语文实践能力。本节课，我将采用联系上下文、想象画面、小练笔等方式让学生掌握文章内容，并且学习作者的写作方法加以运用。

教材分析：《鱼游到了纸上》是人教版四年级上册的一篇精读课文，写了作者在玉泉认识了一位举止特别的青年，这位青年是一位聋哑人士，作者通过与他进行笔谈，以及旁人对青年的画的赞叹和议论，体现了青年观察鱼的忘我境界和全神贯注，以及青年的画技高超，

---

① 本教学设计者为参加福建省首届高校师范生教学技能竞赛的学生。

鱼游到了他的纸上,但是青年却说鱼先游到了他的心里。课文中,作者以自己的观察和旁人的角度,体现了青年的专注认真,坚持不懈,全神贯注以及忘我的境界,通过对外貌、神态的描写表现了人物的性格特征。

学情分析:四年级的学生,处于形象思维向抽象思维的过渡阶段,对事物有了一定的见解,但因为经验还不足,因此需要教师的引导和帮助来树立正确的情感态度和价值观。

教学目标:

知识与能力:1. 会认 4 个生字,会写 11 个生字,联系上下文理解"鱼缸,厂徽"等生字。

　　　　　　2. 正确、流利、有感情地朗读课文。

　　　　　　3. 通过阅读,体会课文的中心思想。

过程与方法:通过自读自悟,联系上下文,抓住关键词句感受聋哑青年看鱼、画鱼时的专注认真。

情感态度和价值观:培养学生善于观察、专注认真、坚持不懈的品质。

教学重点:阅读体会聋哑青年看鱼画鱼的专注认真及青年的画技高超。

教学难点:体会"鱼游到了纸上"和"鱼游到了心里"的关系。

教学准备:

学生:自学生字新词,在不懂的地方做上标记。

教师:准备相关教具教案,备好课。

教学方法:

学法:自读自悟,联系上下文,想象画面。

教法:点拨法,引导法,谈话法。

课时安排:第一课时

教学目标:

知识与能力:1. 会认 4 个生字,会写 11 个生字,联系上下文理解"鱼缸,厂徽"等生字。

　　　　　　2. 正确、流利、有感情地朗读课文。

　　　　　　3. 通过阅读,体会课文的中心思想。

过程与方法:通过自读自悟,联系上下文,抓住关键词句感受聋哑青年看鱼、画鱼时的专注认真。

情感态度和价值观:培养学生善于观察、专注认真、坚持不懈的品质。

教学过程:

教学步骤	教学内容及活动	设 计 理 念
一、揭示课题,学生质疑	1. 板书课题。 2. 齐读课题。 3. 学生质疑。 (预设:鱼怎么游到了纸上)	发挥学生的自主性,以学生的质疑来激发学生往下阅读的兴趣。

教学步骤	教学内容及活动	设 计 理 念
二、检查预习，整体感知	1. 检查预习。 ① 出示生字,指名读。 ② 分享识字方法,重点指导"聋哑"的写法。 ③ 齐读生字。 2. 整体感知。 ① 自由读课文,读准字音读通句子,不懂的地方可以请教老师,也可以和附近的同学讨论。 ② 默读课文,想一想,课文讲了一件什么事?	让学生在预习的基础上,指名读生字新词,纠字音正字形,可以使学生记得更牢,分享各自的识字方法又可以让学生学到更多好的认识生字新词的方法。
三、读写结合，细读品悟	1. 青年的画,画得好不好,从哪里看出来? 句子一：呦……女孩惊奇地叫起来。 ① 提问：哪个字最吸引你? ② 把"游"字改为"画"字,让学生比较句子的不同。 ③ 读出自己的感受。 读出不可思议的感受。 读出赞叹的语气。 读出佩服的语气。 感受其画技高超。 句子二：围观的人越来越多……已经融为一体了。 ① 想象,围观的人如何赞叹,如何议论,写下来,小组交流。 ② 抓住"唯一没有反应的是他自己"这个细节引导学生体会忘我状态,专心致志地画。 2. 讨论青年为何可以画得这么好? 句子一：他老是一个人呆呆地站在金鱼缸边……不说一句话。 ① 提问：哪个词让你感受最深? ② 抓住"静静地看着"联系生活实际,想想平时我们是怎样看鱼的,而青年是怎样看的。进行对比,感受青年的全神贯注。 句子二：他有时工笔细描……仿佛金鱼在纸上游动。 1. 齐读。 2. 提问：你读懂了什么? 3. 体会画技高超。	通过让学生找句子写批注谈感受,放手让学生自读自悟感受青年观察时的全神贯注,画鱼时的专心致志。
四、扩展延伸，升华情感	1. 我们感受到了青年的全神贯注,专心致志,人们赞叹他画的鱼游到了他的纸上,可他却说,鱼先游到了他的心里。你们知道他为什么这样说么?联系上下文,小组讨论交流,指名回答。 2. 课文学到了这里,如果青年现在就在你的面前,你想对他说些什么,写下来。	提出本文难点,让学生通过联系上下文,试着用自己的理解去解释,教师再进行相机指导,把难点浅化,让学生更容易接受。最后以让学生小练笔写下想对青年说的话,加深学生对青年的认识。

作业布置：

　　把描写聋哑青年的外貌和他看鱼、画鱼的句子多读几遍,体会作者的写作方法。

板书设计：

鱼游到了纸上

全神贯注　专心致志　画技高超

教学反思：略

案例二：

《普罗米修斯的故事》第一课时教学设计

授课人：郑少琪

设计理念：

《语文课程标准》指出：语文课程要体现课标精神，由课内到课外，开阔学生的语言思维，教师要合理引导学生，努力尊重学生的观点。让学生与文本亲密接触，去品味语言文字，才能收获对文本个性化的体验。本设计意在通过研读普罗米修斯为人类盗取火种后，在面对铁链锁身、狂风呼啸、冰雹敲打、撕裂肌体、日复一日的折磨面前的表现，体会他的勇敢和奉献精神；注重突破文本重点、开发文本的有用资源，适时对学生进行引读、品味语言等训练，在训练中加深学生的体验和感悟。

教材简析：

《普罗米修斯的故事》是北师大版语文五年级下册第七单元"火与光"中的一篇主体课文。本文是一篇古希腊神话，讲述了普罗米修斯这位人类伟大的朋友为了帮助人类过上幸福温暖的生活，不惜承受宇宙之父宙斯的残忍惩罚，将火种送给了人类，表达了人们对天神普罗米修斯的英雄行为的赞颂、钦佩和感激。

学情分析：

小学五年级的学生已经具备了一定的阅读基础和收集信息的能力，通过本课的学习，应该让学生产生对英雄的敬佩之情，但在之前的听课过程中，我发现学生对"英雄"一词的理解无法真切深入地感受，难以产生共鸣。于是，如何上好这一节思想含量较大的阅读课，我进行了反复斟酌。

教学目标：

1. 在充分预习的基础上，会读生字和词语，特别是人物的名字。

2. 理清文中复杂的人物关系，并能讲出文章大概内容。

3. 抓住"英雄"两个字，进行感悟和探究，理解普罗米修斯是光明和希望的象征。

4. 懂得为人民服务和为人类牺牲的精神之伟大。

教学重点：抓住"英雄"两个字，进行感悟和探究，理解普罗米修斯是光明和希望的象征。

教学难点：懂得为人民服务和为人类牺牲的精神之伟大。

教学方法：教法：创设情境法、点拨法。

　　　　　　学法：自主感悟法、小组合作交流法。

教学课时：2课时（此教学设计是第一课时）

教学过程：

一、激趣，猜字导入

1. 出示火苗图，板书课题。

师：这是一团燃烧的火焰，在希腊神话中，火与一个人的名字紧紧联系在一起，他就是（普罗米修斯），今天我们就一起走进他的故事。

2. 师揭题，齐读课题。

二、检查预习

1. 检查生字词。

（1）开火车读生字词，注意"捆""解"等多音字的读音。

（2）齐读生字词。

（3）出示金钥匙，齐读人名地名。

（4）师说人名生说出对应身份。

2. 理清文章脉络：根据这几个人物之间的关系，说说课文写了一个什么故事？（强调说完整、说流利）

3. 根据提示练习分段。

（1）按照事件发展的先后顺序，即故事的起因、经过、高潮、结局给课文分段，并用两个字概括段落大意：

（板书：无火——盗火——受罚——获救）(1—6;7—12;13—19;20—21)

（2）师：在这四部分中，哪几部分表现了普罗米修斯的英雄行为？

设计意图：兴趣是最好的老师。通过简笔画火苗图导入教学，再通过开火车读生词，初步了解文中介绍的几个神，了解课文主要内容，达到整体感知、初识英雄——普罗米修斯的目的。

三、直奔重点，合作探究感悟英雄的伟大

（一）合作探究

师：你认为课文哪部分最令你感动？为什么？

今天我们就先来学习这部分内容，请同学们自读(13—19自然段)，划出普罗米修斯受惩罚的语句，简单批注并在小组交流。

设计意图：对学生学法的指导，让他们自己读，做批注，再交流，在这样的过程中提高学生自学语文的能力，养成学习语文的好习惯，同时培养学生合作探究的精神。

（二）汇报交流

师：现在我们一起交流交流，你们小组找到哪些有关普罗米修斯受惩罚的语句，按照课文的先后顺序谁来说说。

（三）读中领略宙斯的残暴

课件出示句子1：宙斯命令手下的两个侍从——"威力"和"暴力"——去逮捕普罗米修斯，把他押解到高加索山的最高峰上，用铁链捆住他的手脚，缚在峭壁上。

（1）抓住"捆、缚"两个动词，说明什么？（宙斯的残暴）

（2）两个侍从的名字让人感受到什么？

（3）（结合出示图）对，看，普罗米修斯被牢牢地缚在高加索山上，这是一座鸟语花香充满生机的山吗？谁来用一两句话汇报一下你查到的资料。

（介绍高加索山。我从网上查到资料：巍峨的高加索山脉位于黑海和里海之间，自西北向东南蜿蜒，全长1 200公里，可分为东、中、西三段。中段山体较窄，山势高峻，许多山峰海拔在5 000米以上，山上气候寒冷，终年积雪。）

师评价：真会学习，课外知识帮了大忙。（结合出示资料）

设计意图：课外知识与课文内容相结合，增加课文的文学性，帮助学生感悟"惩罚"。

（4）过渡：此时的普罗米修斯被牢牢地捆在这座高耸入云了无生机的高山上，铁链将他捆得这样紧，勒得他连口气都喘不出，这一切痛苦都来源于宙斯的（残暴），而宙斯狠狠的惩罚仅仅只是如此吗？你们还找到了哪些和普罗米修斯受惩罚相关的句子？

（四）图文结合感受英雄的痛苦

课件出示：句子2：他身缠铁链被拴在山崖上。狂风终日在他身边呼啸；冰雹敲打着他的面庞；凶猛的大鹰在他耳边尖叫，用无情的利爪撕裂他的肌体。

（1）从这句话中的哪几个词感受到了惩罚？（呼啸、敲打、尖叫、撕裂）

（2）听声：同学们，现在请你们闭上眼睛，把手背到身后，想象你就是被牢牢缚在高加索山上的普罗米修斯（播放声音）你听到了什么，你仿佛看到了什么？你最想做些什么？

（3）看图：是啊，在这样听觉的感同身受下，我们似乎离英雄普罗米修斯更近了一步，但是普罗米修斯除了承受自然条件带来的痛苦，他还要承受人为的痛苦，宙斯派来了一群（凶恶的大鹰）。知道大鹰是什么鸟吗？（结合出示图片）

设计意图：通过看图听声，帮助学生入情入境地体会普罗米修斯所承受的惩罚之残酷，增强了文本的感染力。

＊请看屏幕。（屏幕出示鹫鹰图片）这就是鹫鹰，这是一种怎样的鸟？（凶恶的鸟。）

＊你从课文中的哪些词语感到大鹰凶恶？（"撕裂"）

（4）结合实际：同学们，平时你们不小心割裂了手，擦破了皮，是什么样的感觉？

设计意图：让学生联系实际，谈谈感受，使学生更准确地理解文章的内容，巧妙地突破难点。

（5）思维拓展：说得真实在。但跟普罗米修斯比起来，你这点小伤不算什么。你们再仔细看看鹫鹰的嘴，这是一张怎样的嘴？（尖利）你们知道它会用它尖利的嘴对普罗米修斯做些什么吗？从课文里，找找这个句子。

课件出示句子3：狠心的宙斯派了一只凶恶的鹫鹰，每天站在普罗米修斯的双膝上，用它尖利的嘴巴，啄食他的肝脏。

真是个爱思考的好孩子。你读后感受到什么？（普罗米修斯会很痛苦）为什么？（因为肝脏是……）

（6）指导朗读句子2：

① 是啊，破点皮就会让我们疼痛不已，更何况是肉体里的肝脏啊！那是一种怎样的痛？你能形容吗？

（这是一种十分悲惨的痛苦，而且是漫长的痛苦）

② 听完这位同学的讲述,我们的心一定都被这一幕狠狠地刺痛。来,带着你们心中的痛读读这个句子。

(指名读)

③ 这是一个什么句式?(排比句)我们在朗读排比句时应该读出什么样的感觉?(层层递进)(生齐读)

(五) 发挥想象,感知"惩罚"的残酷

(1) 引导想象,随堂练笔:一心为人类着想的普罗米修斯,此时被锁在高高的悬崖上,脚下是万丈深渊,令人不寒而栗,在这极其恐怖的悬崖上,他将受到怎样的惩罚? 现在请同学们拿出纸笔写一写你想象到的画面。

课件出示提示:

炎炎烈日,阳光暴晒＿＿＿＿＿＿＿＿＿＿＿＿＿＿＿＿＿。

漫漫寒冬,北风刺骨＿＿＿＿＿＿＿＿＿＿＿＿＿＿＿＿＿。

凄凄长夜,四周静寂如水＿＿＿＿＿＿＿＿＿＿＿＿＿＿＿。

学生发挥想象,自由阐述交流。

设计意图:读写结合,实现阅读和写作相结合,引导学生联系实际大胆想象,从而丰富学生的语言,使学生更准确地理解课文内容,提高语言文字的运用能力。

(2) 是啊,正如同学们刚刚所说的那样,当黑夜来临的时候,面对空无一人的高加索山,他还会觉得(孤独),还会觉得(寂寞),这是就肉体和精神上的双重折磨啊! 普罗米修斯所承受的这样的痛苦是一天两天的吗?(不是)你从哪句话得知?

① 课件出示句子4:一年又一年,一个世纪又一个世纪,普罗米修斯一直被捆在那里。

②"又"是什么意思?"一个世纪"有多少年?(重复、反复;100 年)

③"一年又一年,一个世纪又一个世纪",是多少年呢? 猜猜看。

④ 同学们,就算你们猜上三天三夜也猜不着。是——"三万年"! 三万年的光阴,普罗米修斯一直在承受这样的痛苦。(课件出示:三万年的光阴,普罗米修斯一直在承受这样的痛苦)

⑤ 领悟写作技巧:这个句子的语言美吗? 如果把这个句子改成这样好不好?(出示句子比较)为什么?(这样写很直白,让人感觉不到语言的美)

师:是啊,这句话很含蓄很优美,它用重复、反复的词语点出了时间的漫长,以后,我们在写作文的时候,也要灵活运用这种写法。

设计意图:通过"一年又一年,一个世纪又一个世纪"与"三万年"做比较,抓住反复的词语点出时间的漫长,体会文字的优美,顺势引导学生在写作文时要灵活运用"反复"的写法。

(3) 指导朗读:

① 三万年来普罗米修斯一直在承受这样的痛苦。谁能用你的朗读让我们所有人都感到时间之久。(指名读)

② 评读:他读得怎么样? 感受到时间长了吗?(这位同学把"一年又一年,一个世纪又一个世纪"这句话读得缓慢,使我们感受到时间很漫长)

③ 齐读。

（4）师：这就是宙斯对普罗米修斯最最严厉的惩罚，这惩罚不仅仅是对他肉体上的折磨，更是对他意志的摧残，同学们，再来看看惩罚二字，惩字一征一心，宙斯要征服的正是普罗米修斯的心啊！罚字在下面的立刀旁，在你们看来就像？而对于宙斯这一系列如刀一般冷酷而又漫长的惩罚，普罗米修斯后悔了吗？动摇了吗？屈服了吗？（没有）是啊！

（5）课件出示句子5：普罗米修斯忍受了这一切苦痛而不哼一声，决不祈求仁慈，决不对自己做过的事说一句懊悔的话。

① 从这句话中你感受到什么？（普罗米修斯的坚强）

（板书：坚强，勇敢）

② 忍字头上一把刀，面对那样的惩罚，普罗米修斯甘愿把刀刃放在心上，你觉得是什么样的力量支撑着他？（对人类的爱）这是一份怎样的爱？

（板书：无私，博爱）

设计意图：通过演绎和品读"惩罚"和"忍"，让学生明白这一切都源于普罗米修斯对人类的爱。因为爱，他忍受了这一切的苦痛；因为爱，他决不对自己做过的事说一句懊悔的话。他真是一位英雄。

③ 这份爱已经超越了人和神的界限，此时，他就是我们最挚爱的（朋友）。

（板书：朋友）

（6）激情引读：是啊，正是因为对人类的爱，所以面对高山险峻，铁链加身，（普罗米修斯忍受了这一切苦痛而不哼一声，决不祈求仁慈，决不对自己做过的事说一句懊悔的话。）面对烈日如火，暴雨倾注，（普罗米修斯忍受了这一切苦痛而不哼一声，决不祈求仁慈，决不对自己做过的事说一句懊悔的话。）整整三万年，面对宙斯的折磨（普罗米修斯忍受了这一切苦痛而不哼一声，决不祈求仁慈，决不对自己做过的事说一句懊悔的话。）他造福了人类，面对惩罚毫不屈服，他可真是一位（英雄）。

设计意图：通过多种形式的诵读，在读中整体感知，在读中有所感悟，在读中培养语感，在读中受到情感的熏陶，反复揣摩人物心情，感悟人物伟大的精神，真正实现阅读教学就是教师、学生、文本之间的对话过程。

（7）展开想象：此时面对惩罚，英雄内心是怎么想的？

四、拓展延伸，感受英雄的伟大

情感升华，配乐读诗：是啊，这的确是位让人敬佩的天神，古往今来，有多少人赞颂这位伟大的天神，英国诗人雪莱写下这样一首诗（出示诗），让我们怀着崇敬和爱戴，一起来读一读这首诗！

普罗米修斯的赞歌

是谁？让漫漫黑夜跳跃希望的火苗？

是谁？让蛮荒时代沐浴文明的时光？

是谁？甘愿触犯天条也要救人类于水火？

是谁？深受酷刑却无怨无悔？

啊！巨人，是你给人类带来火种，

送来光和热，

送来人类新纪元！

尽管上天和你蓄意为敌——

高山险峻，铁链加身，

烈日如火，暴雨如注……

但沉重的铁链只能锁住你的身躯，

却怎能锁住那颗坦荡无私的心！

难道仅仅是物质的火种吗？

不，你给予我们的

是生生不息的精神火种！

勇敢　坚强　博爱　无私

这就是你——普罗米修斯！

设计意图：通过配乐朗读《普罗米修斯的赞歌》这首诗，再次感悟普罗米修斯不屈不挠、勇于奉献的高贵品质，学生易于产生情感上的共鸣，对英雄行为有了更加广泛和深刻的理解。

五、课堂小结

结合板书总结：是啊，普罗米修斯给予我们的不仅仅是物质的火种，更是精神的火种——勇敢，坚强，博爱，无私。今天这节课就上到这里，就让我们在下节课，走进这位伟大的英雄英勇盗火和获救的过程！

六、作业超市

1. 推荐阅读《希腊神话》《中外神话故事》。

2. 当小诗人；拿起手中的笔，写一首诗赞美普罗米修斯。

设计意图：课文无非是个例子。当英雄的形象已嵌入学生心中时，教师通过引导学生课外去读有关描写人物的书籍，让课内与课外高度融合，提升学生自读能力，达到"教是为了不教"这一目的。

板书设计：

普罗米修斯的故事

无火
盗火
受罚
获救

朋友
英雄

坚强　无私　博爱
勇敢

教学反思：

《普罗米修斯的故事》是一篇神话故事。此次语文汇报课，我执教的是第一课时，本课篇幅较长，在指导老师的悉心指导下，通过不断深入理解教材，一改以往第一课时的教学模式，当讲完生字词及划分段落后直奔重点段，把握普罗米修斯受罚的部分，整个流程思路清晰，抓住重点，突破难点。教学环节简单，环环相扣，一气呵成，顺利完成了教学任务。本堂课成功之处有以下四点。

1. 充分发挥教师的主导作用。

我在导语设计方面简洁明快，自然地将学生带入课文，让学生通过理清主要人物的关系，抓住事情的起因、经过、高潮、结局，来概括课文的主要内容，理清课文的脉络，为下面的环节做好铺垫。

2. 面向全体学生，提问面广，充分发挥学生的主体作用。

以"自读——感悟——体验——探究"的学习方式架设文本和学生之间交流的平台。

3. 创设情境，品读感悟。

本课故事性强，我从文章描绘的几幅感人的画面入手，创设情境，激发想象，引导学生透过文字看到画面，入情入境地读，体会人物心情，感受人物的英雄形象，从而获得独特的阅读体验和感受。

例如：英雄受难部分，既有对普罗米修斯的同情，还有对宙斯残暴无情的痛恨，更有对英雄坚强不屈的敬佩，我通过播放音效、观察画面、联系生活经验等多种手段引导学生通过品析重点词句、多种形式的感情朗读表达出了自己的内心感受。在感受人物精神时，从分析"惩、罚、忍"三个字的字形引入，学生在感悟人物形象的同时也感受到了祖国语言文字的精妙。在拓展环节中，通过配乐朗读雪莱的诗，学生再次感悟普罗米修斯不屈不挠、勇于奉献的高贵品质，感情再次升华，对于英雄行为有了更加广泛和深刻的理解。

4. 想象补白，加深体验。

本课在具体的叙述中，有意识地留下了一些空白，给人以想象的空间，我巧妙地抓住这些空白点，适时对学生进行语言文字训练，激活学生语言的"火种"。例如，第18自然段，除了课文描写的，普罗米修斯受难过程中还会承受哪些折磨呢？我提供三种情境引导学生用生动、抒情的语言进行表达训练，在训练中，加深学生的体验，走进普罗米修斯的内心，引发了强烈的心灵震撼。

由于教学内容较多，容量较大，40分钟的时间太紧，有些环节有点走过场，落不到实处，影响课堂教学效果。例如，学习生字"押解"时，由于指导不到位，导致后面学生又读错。指导分段时，可在学生充分讨论的基础上得出结论，使学生的能力训练真正落到实处。

四、实战演练

从人教版教材中任选一篇课文，尝试设计一份详细教案，要求教案格式符合规范。

小学语文教学设计实施技能

项目一　小学语文教学过程设计策略

"赋诗作文,立意须高;教学设计,其理亦然。大至一个完整的教学过程的构思,小至一个教学环节的处理,都须有一个'制高点',才能居高临下,统揽全局;执教时也才能够胸有主见,导有方向。"

——钱梦龙

工作任务　**掌握小学语文教学过程设计策略**

一、小学语文教学过程设计的依据

教学设计是一项复杂的工作,成功的教学设计必须综合考虑多方面的因素。一般来说,教学设计的依据主要有以下五个方面。

（一）现代教学理论

理论的指导是教学设计由经验层次上升到理性、科学层次的一个基本前提。科学的理论是对教学规律的客观总结和反映,依据科学的教学理论和学习原理设计教学活动,实际上就是要求教学设计的方案和措施要符合教学规律。在教学实践中我们不难发现,有些教师,特别是从事教学工作时间不久的教师,由于不懂得如何在教学理论的指导下对教学作出详细规划,因而在课堂教学中往往随意发挥,影响了课堂教学质量。即使是有些有经验的教师,由于轻视系统的理论指导,教学时局限于经验化处理,因而教学效果也不理想。因此,教育工作者只有自觉运用科学的理论指导教学设计,才有可能使教学摆脱狭隘的经验主义窠臼,才有条件谈论追求教学效果的最优化问题。

（二）系统科学的原理与方法

系统科学的基本方法原理要求研究者在研究事物的过程中,把研究对象放在系统的形式中,从系统观点出发,从系统和要素、要素和要素之间的相互联系和相互作用的关系中综合地、精确地考察对象,从而取得解决问题的最佳效果。系统方法抛弃了静态、片面分析的研究方法,而把重点放在分析客体的整体属性上,放在其动态的多种多样的联系和结构上。

教学系统是一个由多种教学要素构成的复杂系统,各教学要素间存在着密切的联系和多种作用方式。运用系统方法分析课堂教学系统中各因素的地位和作用,使各因素得到最紧密的、最佳的组合,从而优化课堂教学效果,是教学设计的一个基本特征,同时也是教学设计成功与否的关键所在。因此,在实际的教学设计过程中,教学设计者应自觉遵循系统科学的基本原理,以系统方法指导自己的设计工作,在此基础上不断提高教学设计的水平。

（三）教学的实际需要

从根本上讲,教学设计的全部意义就在于满足教学活动的实际需要,在于为实现这种需要提供最优的行动方案。因此,教学设计最基本的依据就是教学活动的实际需要,离开了教学的现实需要,也就谈不上进行教学设计。在具体的教学过程中,教学活动的实际需要集中体现在教学的任务和目标中。教学工作者在进行教学设计时,应首先明确教学任务和教学目标,并对它们进行认真的分析、分解,使之成为可操作的具体要求。在此基础上,综合考虑各种教学因素,选择设计必要的教学措施和评价手段,使教学设计方案在立足教学现实需要的基础上发挥其应有的作用。

（四）学生的特点

教学设计的基本特征之一是它既关心"教",又关心"学"。课堂教学是教师和学生双方共同活动的过程,在这个过程中存在着教师的"教",也存在着学生的"学"。教是为了学,学是教的依据和出发点,教必须通过学生的积极主动的学才能起到有效作用。大量的教学实践也表明,重教轻学,课堂教学缺乏学生的积极性,是不可能收到好的教学效果的。因此,在教学设计的过程中,除了从教的角度考虑问题外,还必须把学生身心发展的特点和规律作为教学设计的一个重要依据加以认真对待。也就是说,作为教学活动的设计者,在决定教什么和如何教时,应当全面考虑学生学习的需求、认识规律和学习兴趣,着眼于辅助、激发、促进学生的学习。这正如加涅所指出的:校舍、教学设备、教科书以至教师决不是先决条件,唯一必须假定的事是有一个具备学习能力的学习者,这是我们考虑问题的出发点。

这里,特别要强调,小学语文教学设计要遵循"以学定教"的设计理念;以学定教就是依据学情确定教学的起点、方法和策略。这里的学情包括学生的知识、能力基础,学生的年段认知水准,学生课前的预习程度,学生对新知的情绪状态等学习主体的基本情况。而"定教",就是确定教学的起点不过低或过高,在恰当的起点上选择最优的教学方法,运用高超的教学艺术,让每一位学生达到最优化的发展。以学定教要尊重学生,以人为本,以生为本,教学是为了学生主体的发展。

（五）优秀教师的教学经验

好的教学经验是教师在长期的教学实践中总结出的规律性东西,它们在课堂教学中往往可以弥补教学理论的某些不足,帮助教师取得好的教学效果。因此,从这个意义上我们说,教师的教学经验也是教学设计的基本依据之一。在教学设计中,既不能完全依据经验行事,但也不能排斥教学经验的作用。只有将科学的理论和方法与好的教学经验结合起来,才能使教学设计既有共性又有个性,并最终达到科学性和艺术性的有机统一。

二、小学语文教学环节的优化处理方法

（一）寻找教学线索

"写文章情动而辞发,读文章是披文以入情。"入选小学语文教材的很多都是情感很浓的文章,如热爱大自然之情,如热爱祖国之情,如亲情,如友情,这样的文章很能够打动人心。所以,教学中应该紧紧把握"情"感线索,引导学生入情入境去体会感悟。

案例:

《梅花魂》文章其实有两条很清晰的情感线索,一条是明线,一条是暗线。明线是外祖父三哭,二送,一怒,表达了他渴望回国返乡的强烈愿望。暗线则是作者不懂(拍手笑、害怕又奇怪)到后来的理解(离别时觉得外祖父衰老了许多、珍藏墨梅图)。抓住这两条线索展开教学,让学生了解外祖父为什么哭? 为什么送? 为什么怒? 走进外祖父的内心,体会他的思乡情爱国心,在体会感悟的过程中,暗线也会慢慢地清晰,孩子们和莺儿从开始的不懂,不懂外祖父为什么哭,为什么送? 为什么怒? 可后来却全懂,在离别的那一刻全明白并体会到了外祖父那颗火热的爱国心,两条线索自然地重合。

（二）找准教学突破口

预设过程中,我们要考虑教学的突破口(切入点),切入点其实也是教学点,教学点很多,从哪个点切入可以带动一串,辐射上下文,起到"牵一发而动全身""四两拨千斤"的作用呢? 这就是我们要在预设过程中努力寻找的。可能是一段话,可能是一句话,也可能是一个词。

案例:

《地震中的父与子》在教学父亲的"了不起"这个部分时,我们可以从"他挖了8小时,12小时,24小时,36小时,没人再来阻挡他。他满脸灰尘,双眼布满血丝,衣服破烂不堪,到处是血迹"作为教学的突破口。因为,这个部分的描写凸显了父亲的形象,令人震撼。且这个部分承接了上文:"他挖了多长时间? 为什么没人再来阻挡他? 之前人们如何劝阻他? 他为什么不接受他人的劝告? 为什么他会成为现在的这副模样? 36小时中他都经历了怎样的艰难? ……"一系列的问题都围绕着这段话展开,起到了"牵一发而动全身"的作用。

案例:

《梅花魂》教学切入点:"是啊,莺儿,你要好好保存! 这梅花,是我们中国最有名的花。旁的花,大抵是春暖才开花,她却不一样,愈是寒冷,愈是风欺雪压,花开得愈精神,愈秀气。她是最有品格、最有灵魂、最有骨气的! 几千年来,我们中华民族出了许多有气节的人物,他们不管历经多少磨难,不管受到怎样的欺凌,从来都是顶天立地,不肯低头折节。他们就像这梅花一样。一个中国人,无论在怎样的境遇里,总要有梅花的秉性才好!"

"言为心声",这段话是外祖父发自内心的表白,他由衷地赞美了梅花的精神,字里行间流露着外祖父对祖国的热爱,让人能够触摸到他的那颗滚烫的爱国心。

但是,这段话对于孩子来说,的确是难点,但又是重点。通过对这段话的品读,我们能够更好地走进外祖父的内心,能够更好地凸显外祖父的形象,更好地理解外祖父为什么如此珍爱墨梅图?为什么哭?为什么怒?为什么离别时要送我墨梅图?所以,以这段话作为教学的切入点是很有道理的。

每节课有突破口,每个环节也有切入点。找准切入点会避免教学的零乱、零散,往往能够起到提纲挈领的作用,可以承接上文,开启下文。教学会更具整体性,更容易形成教学板块,课堂教学更具有整体感。

（三）形成板块

"板块式"教学结构其实就是我们过程中的环节,每个环节为一个板块。各板块之间是相互独立相互依赖,相互渗透又层层递进。"板块式"教学结构以其特有的"板块情节"为教学的丰富性和不确定性提供了"天高任鸟飞"的广阔空间。

同时,根据学生的好动、持续性差的心理特点,我们能够通过板块之间的这种变化多样来吸引学生的注意力,减轻学生上课的疲劳,最大限度地发挥 40 分钟所带来的教学效果。

案例：

《梅花魂》

板块 1：

引导学生体会梅花的精神,引导学生展开想象:如果你是画家,你会画一幅什么样的梅花图呢?并引导学生通过引用相关的诗句,给梅花图题诗,让学生进一步体会梅花那种凌寒独放、顽强不屈的精神。教学中,教师紧紧抓住语言文字"风欺雪压""愈……愈……",与学生的想象自然结合,想象的目的是引导学生体会梅花的品质。

板块 2：

引导学生体会那些具有梅花精神的有气节的人物。这对于五年级的孩子来说,难度更大。于是,教师引导学生先理解"气节"的意思,再引导学生说说"你想到了哪些有气节的人物",并让学生结合资料,运用文中的句式进行语言训练,赞美这些有气节的人物。这样,不仅理解了句子的意思,还发展了学生的思维,训练了学生的语言表达,加上课件的使用,教师充满激情的语言渲染,学生被梅花精神深深感动着,渐渐地,孩子们走进了外祖父的内心,体会到了外祖父的爱国情怀。

案例：

《一个中国孩子的呼声》

《一个中国孩子的呼声》写的是一个中国孩子写给联合国秘书长加利先生的一封感人肺腑的信,他的父亲为了世界的和平献出了宝贵的生命,字里行间流露出他失去父亲的伤痛,充分表达了他对和平的渴望和向往。

对于生活在和平年代的四年级孩子来说,战争对于他们过于遥远,他们很难体会理解战争给人类所带来的痛苦,难以体会雷利心中的痛楚和呐喊。所以,对于"呼声"的理解就成了教学的难点,但同时又是重点,因为这篇文章就是透过一个中国孩子的呼声,来表达对和平的渴望。

板块1:

教学内容:通过雷利一家人离别前后的强烈对比,引导学生体会雷利父亲的伟大,感受雷利失去父亲的痛楚。

亮点:

1. 通过强烈的对比,拨动孩子的心弦,引领学生走进作者心中,感受其失去父亲的痛楚。

2. 巧妙地运用画外音,引导学生理解"蓝盔"的意思,体会父亲的这种自豪感和光荣感。

3. 不断地变化朗读的形式:个别读、齐读、自由读、师生对读,在朗读中,教师带领着孩子走进文本。

板块2:

教学内容:体会战争给人类带来的灾难。

亮点:

1. 巧妙地补充了相关的资料,并引导孩子运用资料来体会和理解:"51年前……和51年后……"

2. 注重语言文字的训练,如结合课文第四自然段,读一读,然后向加利先生赞颂爸爸。培养了孩子运用语言的能力,很扎实。

3. 渗透学习方法的指导,如捕捉重点词语读懂句子的方法,提出有思考价值的问题等。

板块3:

教学内容:理解"呼声",并转化为全班同学的呼声。

亮点:

1. 通过"你想对加利先生说什么""你又想对加利先生说什么"不断的叩问,使得一个中国孩子的呼声很自然地转化为全班孩子的呼声,孩子已经完全融入文本的情感中,和作者的心贴在一起了。

2. 利用两组强烈对比的照片,进行扎实的语言文字的训练,使学生的情感得以升华,幻化成了孩子心底的呼声,真正体现了工具性与人文性的统一。

(四)体现课堂的"语文味"

语文课要上出学科特色,就要体现浓浓的"语文味",这一点一定要心里有数,把握到位,用心体现。

(1)"动情诵读,静心默读"的"读味"。

崔峦认为,阅读教学要从始至终贯穿"读",朗读、默读(要有一定速度),不是只言片语地读,也不是少数人的读,是大面积地落实到每个同学的潜心地读。问题要少提,要整合;书要多读,有目的、有层次地读。这就要求我们在备课时要重视读的设计,读要有目的,读要有要求,读要有指导,读要有评价,读要有层次。例如,中年级段的读书环节的设计在第一课时最少要有三遍的读书时间,还要提出明确的要求:字音读准,重点是生字词;句子读顺,重点是长句和拗口句,难读处反复读一读;全文读熟,感受深的地方多读。在第二课时的读就要侧重读出语感,如《去年的树》这课的设计中读的环节很充分,首先让学生体验大树和鸟分别时的心情,读出难分难舍的情景;了解大树面临的险境,读出鸟儿急切、担忧的心情;透过两个"看"字去想象鸟儿的心理活动,感受鸟儿对大树的情谊,读出课文言有尽而意无穷的语言艺术。正因为读的设计目标明确,操作得当,所以课堂上学生兴味浓浓,读有所获。

(2)"品词品句,咬文嚼字"的"品味"。

《语文课程标准》指出:"阅读教学的重点是培养学生具有理解、感受、欣赏和评价的能力。"学生品味语言文字的过程就是学生与文本、与作者、与教师、与同伴对话的过程,也是学生理解能力、欣赏能力、语言表达能力得以训练的过程。在教学设计中老师要精心设计品读板块,学生自读自悟与师生交流相结合,在老师的引导下,学生披文入情,紧扣重点词、关键句,反复读,慢慢嚼,细细品,深深悟。既知道在表达上哪些地方好,又知道好在哪里,为什么好。这样理性的语言才会伴随感性的形象深深扎根到学生的精神世界中。也只有这样,才谈得上迁移与运用。

(3)"圈点批注,摘抄练笔"的"写味"。

我们还要重视让学生在实践中获得言语能力。在教学设计中我们就要增强这个意识,增加圈点批注、摘抄小练笔的环节,给学生言语训练的时间和空间,培养学生边读书边动笔的好习惯。例如,窦桂梅老师在《圆明园的毁灭》一课结尾设计"再看课文插图,用一个词、一句话、一段话来书写自己的心情"。一位老师在《地震中的父与子》设计中引入"听话想象":在教师的范读中,请学生闭眼想象,在漫长的 36 小时里究竟会发生怎样触目惊心的场面?父亲怎么会变得伤痕累累、憔悴不堪? 然后"想象写话":漫长的 30 多个小时里,阿曼达在漆黑的废墟下会想些什么,说些什么? 最后是"吟诵练笔":用一句话、甚至一个符号表达你心里最深刻的感受。这些环节的设计,都是想通过不同角度、不同训练点帮助学生在具体的语言环境中加深情感体验,在创造性的表达中掌握言语的策略。

(五)精心设计激发兴趣的环节

孔子提出:"知之者不如好之者,好之者不如乐之者。"他认为对于任何学问和事业,懂得它的人不如喜爱的人,喜爱它的人不如以它为乐的人,强调了"好"和"乐"对于"知"的重要作用。也就是说,"兴趣是最好的老师"。浓厚的学习兴趣,强烈的求知欲望,是直接推动学生进行学习的一种内部动力。

(1)要设计好导入语。

新课导入不仅是一堂课的起步环节,也是激发学生学习兴趣的关键环节。可见,导入设计能否激发学生的兴趣,将成为一节课成败的关键之处。在设计新课导入前,教师应该先反复把课文多读几遍,收集有关资料,设计几种导入,看哪种导入能激发学生兴趣,启迪学生的思维,鼓动学生的情绪,就选择哪种。有时候可能因为考虑太多,觉得无法作决定时,可以与同事交流。

(2)要设计好过渡语。

过渡语既有内容上的延续,又是教学环节的承接,能有效地调动学生的注意力。例如,在《去年的树》一课的过渡语设计中,老师不仅注意教学内容的衔接,而且注意对学生学习态度、学习方法做出指导与激励。"多么坚定的承诺,多么伤心的离别! 你读出了小鸟的感受。""你们的心情也感染了老师,我也为小鸟着急了,我也想读一读。"……

（3）要设计好评价语。

对学生读书和发言情况要给予积极的反馈,通过夸孩子来调控学生的学习气氛,目前可能是一个难点,但要有这个意识,在备课的时候,就要有重点的设计。例如,在这个环节,学生说得不到位时,我怎样引;学生说得好时,我怎样夸。例如,《去年的树》一课中教师的评价:"天天这个词找得真好,你是个会读书的孩子。""你读得很流利,能让幸福的感觉更浓些吗?""读得真好,既读出了小鸟分别的伤心,又读出了他坚定的承诺。"给孩子中肯的建议和热情的鼓励,学生才会有兴致,有信心,更广泛地参与到语文学习活动中。

在设计时我们要尽量把学生可能会出现的问题设想得充分一些,这样在课堂上才能充满激情,收放自如,最大限度地满足学生语文学习的需求。

三、优秀教学过程设计的常见设计环节

（一）学法入手

例如,《桃花心木》教学设计:

（1）初读,整体感知观其概。

（2）再读,提出问题共解疑。

（3）精读,潜心会文领其意。

（4）展读,联系生活话感悟。

这一则教学设计的思路以"读"为主线展开,从"初读"到"再读"到"精读"到"展读"各个环节逐步深入,又环环相扣。

（二）单元话题入手

例如,《牧童》和《舟过安仁》教学设计:

（1）导语,引童趣。

（2）初读,悟童趣。

（3）品读,想童趣。

（4）积累,展童趣。

（三）课题入手

例如,《窃读》教学设计:

（1）直奔课题,了解"窃读"主要内容。

（2）再读课文,整体把握"窃读"滋味。

（3）积累内化,感悟升华"窃读"情感。

（4）回顾全文,深刻体会"窃读"哲理。

又如,《望月》教学设计:

（1）看画面,听写"舅舅眼中月"词语。

（2）品语言，积累"诗人眼中月"诗句。

（3）赏文本，想象"孩子眼中月"之句。

（4）回全文，沐浴诗和月的光辉。

（四）习题入手

例如，《自己的花是给别人看的》课后的习题是："背诵课文第 3 自然段；结合上下文与生活实际体会含义深刻的语句，从中受到启示与教育。"

可以从习题入手设计教学过程：

（1）默写，引出"人人为我，我为人人"。

（2）研读，德国街上的花——人人为我。

（3）研读，看自家花脊梁——我为人人。

（4）深悟始终不变的奇特境界——人人为我，我为人人。

（五）关键词句入手

例如，《小镇的早晨》教学设计：

（1）默写，引恬静。

（2）品味，读恬静。

（3）积累，背恬静。

（4）尝试，写恬静。

（5）延伸，拓恬静。

又如，《自然之道》教学设计：

（1）听写，引出"愚不可及"。

（2）反思，如何"愚不可及"。

　　游客反思，"愚不可及"。

　　导游反思，"愚不可及"。

　　"愚不可及"，酿成惨剧。

（3）总结，提升"自然之道"。

（六）文本主旨入手

例如，《为中华崛起而读书》教学设计：

（1）解：崛起而读书之意——理解课题。

（2）探：崛起而读书之因——"中华不振"。

（3）泄：崛起而读书之感——代言恩来。

（4）拓：崛起而读书之举——延伸课外。

（七）随文披情

例如，《詹天佑》教学设计：

（1）唤起储备，引入"感动"——未成曲调先有情。

（2）文本体验，感动爱国——风乍起，吹皱一池春水。

（3）激活对话，感动"杰出"——天地阔远随飞扬。

（4）颁奖赞美,升华感动——便引诗情到碧霄。

（5）层次作业,延续感动——叹息人间万事非。

（以上摘自吉春亚《语文味·整体教学设计》）

教学设计的常中有变,变中有常,因文而异,因人而异。无论如何变化,都遵循着教学的规律和学生的认知规律,为培养学生的语文素养服务。

四、案例研习

林莘《颐和园》教学设计与点评

（点评：潘宇）

一、课前谈话

"十一"国庆长假出去玩了吗？可以肯定大家100%玩得都很开心,但98%回来后很烦恼、担心。

把旅游中自己看到的、听到的、想到的记下来,就是游记。[板书：游记]到底如何写游记呢？学习小学阶段的第一篇游记！相信学习之后会给你带来启发和帮助！

【点评：在导入谈话中就点明文章的体裁——游记,启发学生在读游记中学习写游记,学习目标明确。】

二、引入新课

北京有一座世界上面积最大、保存最完整的皇家园林,那就是——[读课题：颐和园]只要一进颐和园,你准会着迷、陶醉、惊叹。

[指课题]"颐和园"三个字中最难写的是哪个？[红笔描出小"口"]最难理解的是哪个字？（颐）"颐"什么意思？没人举手,是难理解。"颐"是保养、休养身体健康。它是皇家园林,过去颐和园保养的是皇亲国戚的身体健康。

【点评：从课题中的难字入手,快刀斩乱麻,引导学生认清字形,理解字义。"颐"的意思理解了,就很自然地为理解下文各处景物的写作特点作了铺垫。】

三、初读,抓脉络

1. 都预习过课文了吧！这颐和园给你留下什么印象？什么样的公园？[板书：美丽、大]

作者的感觉呢？在哪儿？（第一句）告诉你他的感觉,告诉你他的印象！一下子让你们心中有了期待和憧憬！像这样总感觉总印象的句子,作者总把它放在文章的——开头、结尾。

[为加深印象再读读：北京的颐和园是个美丽的大公园。提示：强调哪个关键词？美丽、大]

2. 既然是游记,必然会告诉你作者浏览参观的顺序,你看——[出示句子：进了大门,绕过大殿,就来到有名的长廊。]

像这样告诉你走的顺序,走的线路,就是从一个地方到另一个地方,书上还有很多,再读读书,把这些句子找出来,画下来。

（出示五句）

这样写有什么好处？（不乱、不碎、全面、清晰）

3. 总结规律。就这样带着你走，带着你游，这是写游记最基本的规律。[板书：游览线路]再把这五句话连起来读一读，体会一下整个游览顺序。

【点评：我们的语文课所欠缺的就是这种教给学生找规律的学习方法。为何我们的学生在习作中总是言而无序，东一榔头，西一锤的，就是因为学生不懂得如何按一定的观察顺序——描述具体的事物。这里，林老师充分发挥教材的范例作用，让学生先划出描写作者参观顺序的句子，再连起来读一读，在整体感受游览顺序的同时，感知写游记的基本规律，做到了授之以渔。】

4. 过渡。就这样跟着作者走了一遍，就这样结束文章，可以吗？——（不可以，没有具体介绍，没有详细描绘。）

具体而生动地描绘景点是游记最重要的规律——[板书：景点描写]这也是同学们觉得最困难的地方。那我们今天就主要解决这个问题，看看作者是怎么具体描绘每个景点的。

5. 那你们最想先去哪儿呢？（学生各说各的，众说纷纭）噢，听你们的，咱们得兵分五路，想先去哪儿就去哪儿。（生）可以是可以，可不好，走冤枉路，走回头路，走错路。

【点评：为使"按一定顺序观察和按一定顺序记叙"这么一个"基本规律"，能有个较好的理解途径，先让学生想想怎样才能避免"走冤枉路，走回头路，走错路"，一下子把文本教学融入了人们的日常生活，可谓是语文教学生活化的注脚。】

6. 好吧，跟着作者就是最佳选择、最佳线路。我，林导游，简称林导，带你们一个地方、一个地方地走，一个景点、一个景点细细地游。

【点评："林导"看似平常无奇的字眼，却一下子拉近了老师与学生、学生与文本的距离。林老师的文本意识、学生意识及教学智慧，就在这"林导"二字中，体现得淋漓尽致。】

四、学习"长廊"

1. 大家进了大门，绕过大殿，各位团友，我们来到颐和园的第一站啦！[板书：长廊]第一句话中很平常的字眼，但却很关键(有名)。真厉害，一下子捕捉到关键，这是会学习的表现。

2. 十分有名。长廊被联合国文化组织评为世界"长廊之最"，还申报了吉尼斯世界纪录，猜猜看，长廊被称为"世界上最_____的廊"。

请大家自由读课文，边读边思考，在书中找依据。

3. "最长的廊"：700多米长，分成273间，700多米大约绕操场三四圈，273间是学校里所有房间的三倍还多，就这样一字排开啊，这么长，堪称"世界之最"啊！怎么读才能读出长廊的长？再读读。[二次读，指导朗读：重音强调，拖长音强调。]

你们看，课后有一道思考题，不同的特点作者用不同的表达方式，作者用了什么办法写出了长廊的长？对，让数字说话，让事实说话。让我们在这些数字词下面加上着重号。

4. "画儿最多的长廊"。

这句话中最让你震撼的是什么？（几千幅，还是用数字）这句话也就是说，几千幅画——（都不一样），每一幅画——（都不一样）。[课件：各色各样、五彩缤纷、美轮美奂的画，有多少幅？林导查过最权威的资料,横槛上的画竟有一万两千多幅呢!]把你的感叹读出来(二次读)。

5. 最美的长廊。(这边的花,那边的花——)数不清的花,看不完的花,竞相开放的花,的确美不胜收。

6. 小结:同学们通过读书,猜得有根有据。长廊呀,被称作"世界上最长的画廊"。猜对了吗？长廊看似平常,但却用它的长、它的画表现了世界独一无二的美,它是世界之最,也组成了颐和园里一道亮丽的风景线。

【点评:紧扣课后思考题,立足文本,让学生从课文中找出具体的数据,说明颐和园的长廊是世界上最长的长廊。学习用数据说明问题的方法。】

五、学习万寿山上的"佛香阁"

1. 现在我们走完了——(长廊),就来到了——(万寿山脚下),抬头一看,啊! 各位游客,快告诉我,你们看见了什么？ 佛香阁什么样？ 指名读课文。

2. 对比读:

学生读:佛香阁是一座八角宝塔型三层建筑,耸立在半山腰,黄色的琉璃瓦闪闪发光。

教师读:一座八角宝塔形三层建筑耸立在半山腰,黄色的琉璃瓦闪闪发光。

那就是——佛香阁。

3. 这两句读起来感觉有什么不同？读第二句,你仿佛能看到游客在喊:那就是佛香阁啊! 太美啦! 百闻不如一见啊!

4. 小结:你看,这句式一变,顺序一变,就写出了惊喜,写出了激动,写出了兴奋! 很好地表达了作者的心情,多有意思啊! 再来读一读。

[点击课件,句子颜色变化:一座八角宝塔形(蓝)三层建筑(红)耸立在半山腰(绿),黄色的琉璃瓦闪闪发光(黄)。那就是——佛香阁(黑)。]

[合作读:4个学生与老师——4个小组与全班]

5. 你们的朗读让我们感受到佛香阁的——美,佛香阁的——壮,佛香阁 —金碧辉煌。[板书:高、美]居高临下的佛香阁,犹如一座天宫,在颐和园中占着最重要的位置,再次让我们感叹。

同样的句子,有时只要变化一下顺序,[板书:变换顺序]倒着说,让人有意外之感,能更好地表达情感,这种表达很特别,很特殊的。把这句话用波浪线画下来。能不能也用这样的句式写一句话。[_____,那就是_____。]

【点评:同样是写景,林老师抓住语言特点,不断变换教学手段,激发学生的求知欲。这一片段的教学,林老师用变换句式的方式与学生一起对比着读,读中比较,体会倒装句的用法,不仅让学生感受到佛香阁的高、美,同时明白在文章中适当使用倒装句表达的效果更精彩。】

六、学习"昆明湖"

1. 同学们,继续前进吧! 现在我们可要爬山啦! 加油啊! 无限风光在险峰啊! 我们终于登上了万寿山,站在佛香阁的前面向下望,又望见了怎样美丽的景色呢？

2. 教师配乐朗读。

3. 印象最深的,最美的要数——昆明湖了。

4. 谁愿意读(三四位学生读)[打出课件:昆明湖静得像一面镜子,绿得像一块碧玉。游船画舫在上面慢慢地滑过,几乎不留一点儿痕迹。]

5. 都说这儿有一面镜子,一块碧玉,你们看,[课件:昆明湖图片]看到了_____的镜子,_____的碧玉。

6. (明亮、闪闪发光、照得见影子、仿佛巨大画卷)的镜子。(说、读)

(一尘不染、碧绿无瑕、人间绝品)的碧玉。(说、读)

7. 游船、画舫在这样的镜子上,碧玉上滑过,怎么滑过? ——[板画"滑",重重滑过,不留一点儿痕迹滑过](都不对,应该是——)对,就这样若隐若现,就这样若有若无,似乎连游船、画舫都不忍心打破这宁静而美丽的湖面啊!

【点评:林老师抓住一个"滑"字,让学生通过语句、板画加想象,渐渐地入境入情,感受游船悠闲、体会作者怜惜美景的心情,达到情境合一,令人神往。】

8. 假如此时你就坐在画舫上、游船里,你又有什么特别感觉?

9. 师生合作读,背。

10. 小结:如果说佛香阁仿佛是一座金碧辉煌的天宫,那么昆明湖就是无与伦比、令人惊叹、让人陶醉的天河(湖)。

11. 同学们,陶醉了吧,享受吧! 让我们休息一会儿,伸伸懒腰,呼吸一下新鲜空气。呵,也让我们暂时回过神,思考用什么办法把昆明湖写得这么美,让我们产生美好的幻想?(比喻)

【点评:抓住文本的空白处,让学生在充分进入文中意境的时候,适时地引导学生回归理性,重新思考该用什么方法才能把昆明湖写得这么美。】

七、小结2、3、4自然段的相同点及不同点

从游客回到读者,看看课文。到此为止,我们学习了"长廊""佛香阁""昆明湖",发现每段描写方法都不一样。可其实啊,这几段也有一个共同的写法。[出示表格]

景　点	共　同　点
长廊	两边、昆明湖
佛香阁	排云殿
昆明湖	城楼、宫墙

不写,可以吗? ——[孤立、单调,不那么美,犹如绿叶衬托红花,云彩托起明月,犹如美丽的花边点缀。会把主景打造、衬托得更美,更精彩。]

八、小结游记的特点

学习了《颐和园》这篇游记,你觉得对你今后写游记有什么帮助和启发? 看来大家的收获可真不小! 掌握了这些绝招法宝并努力运用就会提高写作水平。

九、布置作业

远看昆明湖很美,近看昆明湖又是一番怎样的景象呢? 你们瞧——

　　[打图片：鲜花装点的昆明湖别样绚丽多彩；无论是春夏秋冬，无论是晨曦初露，还是夕阳西下，都美得令人难忘；哦，湖面上的桥造型各异，引多少游人驻足观赏；数也数不清的石狮子一定会是你的最爱；黑天鹅是那么优雅、悠闲、姿态优美；一个个湖心小岛犹如一颗颗珍珠宝石镶嵌在湖面上……]

　　俗话说得好，"千人千景，万人万色"。希望你能用你的观察，你的发现，你学到的写游记的方法一起来写昆明湖独具魅力的美。

　　十、板书设计

颐和园	美丽	大		游记
长廊	长	美	列举数字	游览顺序
佛香阁	高	美	变换顺序	景点描绘
昆明湖	静	绿	比喻	

【总评】

　　林老师执教的《颐和园》可谓是"简简单单教语文，扎扎实实求发展"的精品课的典范。整节课板块设计清晰明快，每一板块教学步步有高招。教学的每一个环节，林老师都充分发挥文本的范例作用，凸显读写结合特点，将读写进行到底，体现了语文课程特有的本性。读中悟写，以写促读，形成读写互动的良性循环，是本节课显著的特色。

　　全课由两个板块构建而成：第一板块，抓游览顺序，理清课文脉络，实现对全文的整体感知；第二板块用"列举数字、变换句子的顺序、比喻"等方法感悟游记抓不同景物的特点运用不同描写的手法。体现了感受、理解、积累、运用游记这一体裁的话语形式。

　　从细节来看，林老师具有敏锐的课堂教学机智、无痕的教学艺术，每个细节都彰显出林老师强烈的语文意识——把教材当范例，真真切切地教学生学语文，用语文。

五、实战演练

　　1. 从部编版教材中任选一篇课文，精心设计教学流程。

　　2. 设计后进行自评和他评，探讨规范的教学设计。

　　3. 修改设计方案，分小组试讲、评议。

　　4. 反复修改、试讲、评议。

项目二　汉语拼音教学技能

工作任务1　设计汉语拼音的教学过程

　　《小学语文课程标准》明确提出："学会汉语拼音。能读准声母、韵母、声调和整体认读音节。能准确地拼读音节，正确书写声母、韵母和音节。认识大写字母，熟记《汉语拼音字母表》。""汉语拼音教学尽可能有趣味性,宜以活动和游戏为主,与学说普通话、识字教学相结合。"这是我们设计汉语拼音的教学过程的主导思想。

一、汉语拼音教学的方法

1. 示范、观察、模仿法。

教师作发音示范,让学生仔细观察口形、舌位,体会发音方法。与此同时,可以配合发音部位图进行说明。如 zh 的教学。这是拼音教学最主要也是最常用的方法。应强调让学生观察。

2. 引导法。

利用儿童已掌握的声母、韵母的发音,帮助学习难发的声母、韵母。如:o-e-i;la-lu;wen-nuan;xin-nian。

3. 比较法。

把两个或几个声母、韵母放在一起,比较音、形的异同。如比较 b-p、b-d。

4. 演示法。

教师运用手势、教具作必要的演示,表示发音部位的动作或发音特点。如用手势表示声调、用手指弯直表示平翘舌音、用手掌的前后移动表示前后鼻音。

5. 夸张法。

为了突出发音的特点,有时有意将口、唇、舌的动作适当夸张,有时有意将声音拖长、加重,这样,学生的印象较深,对发音特点也容易领会。

6. 分解法。

利用插图引出句子,从句子中分解出词语,从词语中分解出音节,最后从音节中分解出声、韵进行教学。如:爷爷在听广播——广播——bo——b。

7. 局限法。

练习发音时,设法使发音器官的某一部位受到限制,以便正确发音。如:发口音时捏住鼻子;发前鼻音时舌头前伸。

8. 口诀法。

伞把 t,拐棍 f,靠背椅子真像 h。

z、c、s 后有椅子,翘起舌头 zh、ch、sh。

椅子一靠,舌头就翘。

二、汉语拼音教学的设计策略

1. 优化教学环境。

以下是可供参考的一些具体做法:

为每个孩子做一块姓名牌(名片),给汉字注上拼音,挂在墙上,让孩子们用拼音介绍自己的名字并认识同伴;

把声母、韵母和新学的带彩图的音节贴在墙上,随时可以见到,防止遗忘;

给教室里的每一件东西都贴上"拼音标签";

教师节、中秋节、国庆节临近之际,把祝贺语和相关的诗文,如《静夜思》等用拼音抄贴在墙上,进行学习;

一些日常用语,如"lǎo shī hǎo!"等,专门挂在"每日一句"的墙角,天天学,天天用。

2. 借助故事、儿歌。

(1) 借助故事。

如 j、q、x 与 ü 相拼时,ü 上两点应省略的书写规律的教学。某位老师把它编成故事:j、q、x 是三兄弟,他们住在树林里的一幢木房子里,小 u 和小 ü 是他们的邻居。小 u 脾气很坏,又没有礼貌,所以 j、q、x 从不和他在一起玩;小 ü 弟弟最有礼貌了,每次见到 j、q、x 三位哥哥,就赶快脱帽子行礼,因此他们成了好朋友。

有一个姓余(ü)的孩子,他很懂礼貌。一天,天气很热,小余上街买文具,在路上他遇到了 j、q、x 三个好朋友,便立即把戴在头上的太阳镜(太阳镜很像 ü 上的两点)摘下来,并跟 j、q、x 三个好朋友亲热地握手。然后,教师教学生念:小余有礼貌,见了 j、q、x,眼镜就摘掉。

(2) 借助儿歌。

① 有结合家乡特色的:

杭州西湖 x x x	美丽瓯江 ou ou ou
龙井茶叶 ie ie ie	平湖秋月 üe üe üe

② 有结合日常生活的:

阿姨梳头 a a a	小鱼哭了 ü ü ü
我吃菠菜 b b b	生日快乐 l l l
我来泼水 p p p	哥哥唱歌 g g g
爷爷咳嗽 k k k	中秋赏月 üe üe üe

③ 有结合时尚广告的:

波导广播 b b b	优质产品 iu iu iu
可口可乐 l l l	大红鹰牌 ing ing ing

④ 有结合热点话题的:

大气污染 u u u	飞向宇宙 ü ü ü
体育健儿 er er er	申办奥运 ao ao ao

⑤ 有结合四字词语的:

凹凸不平 ao ao ao	感谢恩人 en en en
朵朵白云 ün ün ün	月亮圆圆 üe üe üe
四四方方 s s s	安家落户 an an an

3. 借助游戏活动。

在汉语拼音教学中可设计游戏,如在汉语拼音全部学完后,设计"找朋友"的游戏,首先请一组小朋友每人拿一种水果,再请另一组小朋友每人手拿一张用拼音写的水果名字的卡片,全班齐唱"找朋友"的歌曲,手拿水果图片和拼音卡片的小朋友站在一起。在游戏中学习,扩大学生参与学习的量,同时也提高了学生参与学习的质。使学生乐在其中,感受到学习的乐趣。也可以在课堂上开展"找朋友""摘苹果""送信""开火车""火眼金睛"等游戏,这些活动使学生的大脑从多方面进行分析综合,形成暂时联系,提高了学习效率。

4. 借助图画等媒体。

这是一种简单直接的汉语拼音教学方式,可用于初次学习新声母、新韵母或整体认读音节。借助画中生动有趣的图画,来导入新学的拼音字母。儿童通过图画联系已有的生活经验,感觉拼音不再那么抽象了,就会收到很好的学习效果。

例如单韵母 a,许多儿童对其发音老不到位,教师用发音规则进行说教,效果不明显。教师可帮助学生利用把知识与生活经验相结合的方法来掌握:当你感冒去医院看病,医生为你检查扁桃体时让你张大嘴巴发音,这就是 a 的读音。(如图 2-1)

图 2-1   图 2-2

学生凭借图画并联系自己看病的情景,很快克服了发音不到位的困难。又如,在教学声母 x 时,借助画有西瓜的图片,可让学生读准音,大西瓜,x×x。读准音以后,要让学生记住形,先观察切西瓜图画(如图 2-2),口诵儿歌"大西瓜用刀切,一个大叉 x×x"。

5. 在动手实践中巩固。

对于刚进校的一年级学生,拼音教学如果不让学生充分地"动"起来,那么他们将对学习产生厌倦情绪,注意力难以集中。在教学中,我经常鼓励学生用肢体、手势来"手舞足蹈"。

如,在教"o"这个单韵母的形时,可以启发学生思考:"怎样用你的肢体动作来展示 o 的样子?"于是,一番热烈的讨论之后,有的孩子把嘴巴张开,拢成一个圆形;有的孩子把食指和大拇指围成一个圆形;还有的孩子把两只手臂团成一个圆形……各式各样的"o"让孩子们兴奋不已。可见,他们小小的躯体里潜藏着非常丰富的知识表现力,只要教师善于引领、挖掘,孩子的肢体运作智慧就会得到非常完美的体现。

再如,在区分"b-d,p-q"这两对形近声母时,可以建议孩子们用两个小拳头来代替。读"b"时孩子们面向自己就出示左拳头(大拇指竖起来);当我读到"d"时,他们就面向自己出示右拳头(竖起大拇指),这种练习形式儿童非常喜欢。学习拼音的同时,还发展了他们的肢体动作,使学习从被动变为主动。

三、汉语拼音教学的一般步骤

一般说,一节汉语拼音课的教学过程具体如下(以 ai 为例来讲)。

(一)复习检查

复习内容：前一节课所学的主要内容；与本节课有关的内容。可利用卡片或小黑板。

(二)教学新课

1. 发音。

(1)看图谈话,导入新课。

(2)教读新音。教师范读；教师说明发音方法；学生仿读。

(3)练读新音。形式要多样,训练的面要广,训练的量要足。特别是应让学生个别读,以发现问题。

2. 声调。

这是针对韵母来说的,声母不带调。

在第一课就要讲清四声的要领,教给学生口诀。后面的韵母可启发学生自己读四声。可在语言环境中学习四声,如：挨着、挨饿、高矮、热爱。

3. 拼音。

教给学生两拼法和三拼法。先拼不带调的,再拼带调的；先拼书上写出的音节,再拼书上没写出的音节(注意不要拿出错误的音节来)。

4. 书写。

讲清四线格的名称、字母的笔画、笔顺、所占的位置、书写时应注意的问题。从第一课开始就要严格要求学生,培养学生良好的书写习惯。

(三)复习巩固

1. 抓重点、难点。

2. 形式要多样：找朋友、开火车、读口诀、滚雪球等。

3. 指导读书。

(四)小结、布置作业

小结本节课所学的内容,点明教学重难点,归纳新音和拼音的特点,表扬、总结学习情况,布置少量作业,以巩固新授内容。

四、汉语拼音教学应注意的问题

(一)抓住重点,突破难点,教给方法

1. 重点：教学字母和拼音方法。

2. 难点：教学声母和鼻韵母的发音及三拼连读。

3. 方法：指发音方法,拼音方法。同时要注意因地制宜,因材施教。

(二)加强常用音节的训练,培养熟练拼读音节的能力

普通话语音中有 400 多个音节。常用音节的训练,是从声母教学开始的,一般的做法是

学了单韵母以后,边学声母,边教拼音方法。学完声母,应掌握拼音方法。这个阶段是最基础的阶段,要下功夫,花力气,教学生掌握拼音方法。教复、鼻韵母时,是拼音方法的再现,可继续教给方法,培养能力。到一年级第一学期结束,一般能熟练拼读音节。

（三）教学方式以活动和游戏为主

充分考虑低年级与幼儿园生活方式和学习方式的衔接,考虑低年级学生的心理特点,尽可能使教学有趣味,教学方式以活动和游戏为主。努力创设儿童喜闻乐见的情景和语境,如"听音取卡片""小小邮递员""摘果子""购物""开火车"等。

（四）与识字、学说普通话相结合

汉语拼音是学习普通话的有效工具,是提高学生识字能力的重要工具;同时,学习普通话、识字也可以更有效地巩固对汉语拼音的认识。因此,在教学中要将学习汉语拼音与学说普通话、识字有机结合起来。此外,在语文学习中,汉语拼音还能帮助学习阅读、写作、使用工具书和学习计算机等,因而学习汉语拼音应"注意汉语拼音在现实语言生活中的运用"。

（五）注意汉语拼音的复习巩固

每节课后要复习巩固新学的知识,每部分内容教完之后,要进行归类复习,如形近字母的比较,音近字母的分辨。教完汉语拼音教材,要进行全面的复习巩固,使学生掌握好所学的内容。

五、案例研习

汉语拼音 j、q、x 的教学

一、音的教学

师:花仙子和小朋友来到小河边,这里的风景可美啦!还有三个拼音娃娃在草地上游玩呢。这时小鸟飞过来,它唱起歌"jqx,jqx,三个好朋友在一起,蝴蝶跑来逗小鸡,气球飞,多美丽!切个西瓜大又圆,三个朋友吃得甜蜜蜜!"(配上《卖报歌》的曲)

师:小朋友们,这三个拼音娃娃就是 jqx,你们会读吗?

生:会。(学生七嘴八舌,学着发 jqx 的音,初步感知了读音)

课件音:(小鸟说)小朋友们发音时要注意发音的方法。(学生跟着"小鸟",学着正确的发音方法)

师:(小结)小朋友们在拼音王国学会了 jqx 的发音,现在谁能把这三个字母读给老师听?(生积极举手,争着向老师汇报自己的学习成果)

二、形的教学

1. 识记字母。

师:你们是怎样记住这三个拼音娃娃的样子的?

生1:我觉得"j"像一只鸡。一只小鸡 jjj。

生2:"x"像西瓜切了两刀。西瓜切了 xxx。

生3:"p"一转身 qqq。

生4："g"去掉尾巴qqq。

生5："q"很像"9"，所以我说像个9字qqq。

师：你们真行，会拿学过的字母、数字来比较，帮助记住"q"的样子。

2. 与易混字母的比较，巩固字形。

师：这三个字母跟已学过的哪几个字母很像？

（学生不断举手发言，找出下面的三组）

j：i

q：bdpg

x：ky

师：现在你能用你课桌上的橡皮泥捏一捏，摆一摆吗？

（学生很来劲，有的独自在捏，有的与同桌一起讨论着捏。学生很开心地在玩中学习）

师：谁愿意到黑板前摆给大家看？

（学生踊跃举手。师指名两生到黑板前操作，都完成得很好，很自然，看不出学生有一点儿紧张）

三、讨论

看补充资料上的拼音教学内容，教师采用了哪些拼音教学方法？他是怎样对学生进行学法指导的？

四、评析

案例体现了学生学习方式的改变。学生参与到教学中来，以参与求体验，以创新求发展。教师借课件创设了一个童话世界"拼音王国"，而jqx则成了"拼音娃娃"这样的角色，学生自然而然地喜欢上了童话中的娃娃，一下子就融入了拼音课堂，兴致勃勃地跟着情境中的"小鸟"认真学着发jqx的准确读音。在学习jqx的字形时，学生自编顺口溜，自主意识得到老师的尊重，思维活跃。在巩固阶段，教师先让学生回忆：这三个字母跟哪几个已学过的字母很像？学生的主动性再一次被调动，积极开动脑筋。最后，教师以独特的教学手段——让学生自己用橡皮泥捏、摆字母形体。学生兴趣盎然，非常投入，字母的形状也就深深地印在了学生的脑海中。

六、实战演练

1. 讨论：观看一节拼音教学的视频，运用所学知识说说教学中运用了哪些汉语拼音教学方法。

2. 请设计声母z、c、s的教学过程。

工作任务2 试教汉语拼音

1. 针对案例研习中的案例的教学设计，分组进行试教。教学时间为10分钟左右。

2. 针对实战演练中写出的教学设计，分组进行试教。教学时间为10分钟左右。

项目三 识字写字教学技能

工作任务 1　识字教学的教学设计及试教

识字、写字是阅读和写作的基础,是第一学段的教学重点。

——《语文课程标准(修订版)》

学习独立识字。——第一学段

有初步的独立识字能力。——第二学段

有较强的独立识字能力。——第三学段

能熟练地使用字典、词典独立识字,会用多种检字方法。——第四学段

——《语文课程标准(2011 年版)》

一、识字教学的方法

汉字是由音、形、义三要素构成的,因此,识字教学包括字音教学、字形教学、字义教学三个方面,下面分别介绍常用的教学方法。

1. 字音教学。

字音教学是识字教学的第一步,是基础,要力求"准"。一般来说,教学方法有:

(1) 借助拼音学字音。

(2) 形声字——声旁助记。

(3) 多音字——据词定音。

(4) 音近字——比较辨析。

2. 字义教学。

字义教学方法不恰当,会使学生越听越模糊,越听越糊涂。学生对字义理解不清,就不能正确地运用。字(词)义教学的方法很多,其基本要求是根据字词的不同情况,采取不同的教学方法。常用的方法有如下六种。

(1) 直观法。

直观法就是运用实物、标本、模型、图片、幻灯片、录像或动作、表情、形象化的语言帮助学生理解字义。表示具体事物的名词、数量词等,可借助图片、实物或标本、模型、投影等来解释,如"舟""袖"等字。表示动词、形容词等,可借助手势、动作、表情等来演示,如"眺""仰"等字。

(2) 联系法。

联系法就是引导学生联系生活实际或联系上下文理解词义。例如,联系学生生活实际,理解"祖国、轮流";联系上下文,理解"才、更"。

师:刚才我们学习了植物传播种子的三种不同的方法。蒲公英要靠风来传播;苍耳要

靠动物来传播;而豌豆呢,只要太阳一晒就能传播。同学们比比看,谁的办法最好,最容易。

生:豌豆的传播办法最好。

师:书上是用哪个词来说明豌豆的办法比其他两种传播方法好的呢?

生:"更"。

师:对呀,"更"就是越发、愈加突出的意思,所以我们读"更"时,要突出它,读重音。

——《植物妈妈有办法》

(3)选择法。

选择法就是让学生查字典并联系上下文,选择正确的义项,从而理解字词义。例如,《翠鸟》中"疾"的教学如下。

字典释义

疾——1.病;2.恨;3.快;4.疼痛。

联系上下文

"翠鸟蹬开苇秆,像箭一样飞过去,叼起小鱼,贴着水面往远处飞走了。"故选择"快"的意思。

(4)比较法。

比较法就是让学生利用熟悉的同义词、反义词帮助理解生词的意思。同义比较:立即——立刻、马上;反义比较:秘密——公开。

(5)运用法。

运用法就是让学生用组词造句的方法,在实际运用中理解字词义。适用于既无法用动作演示,又无法用语言或其他的方法把字义解释清楚的字词,特别是一些虚词,如"也""把"等字。

(6)构字法。

构字法就是利用汉字的造字规律,通过分析字形来理解字义,如"伞""笔"等字。

总之,字义教学要联系学生已有的知识经验和具体的语言环境,坚持直观性原则,选择恰当的教学方法,激发学生学习兴趣,使学生领会字的含义和用法。

3.字形教学。

汉字数量多且形体各不相同。可以说,字形是识字教学的难点。

(1)笔画分析法。

笔画分析就是用数笔画的方法来识记字形。这种方法适用于独体字的教学。

(2)部件分析法。

部件分析就是通过对汉字组合的各个部件的分析来识记字形。这种方法适用于合体字的教学。

(3)造字分析法。

造字分析就是利用汉字的造字特点来识记字形。例如,象形字"日、月、水、火",会意字"看、尘、尖、众",指事字"本、末、刃",形声字"晴、睛、请、清"。

(4)形近字比较法。

形近字比较就是引导学生通过对形近字字形差异的比较来识记字形。例如,"商—摘、人—入、处—外、兔—免"。

（5）口诀字谜法。

口诀字谜就是利用编口诀、猜字谜帮助识记字形。比如：渴了要喝水，喝水要张嘴（渴—喝）；横折在耳上，右边反文旁（敢）；字谜，一人躲在草木中（尺）。

（6）直观形象法。

一位老师教"身"字，他把身子一侧，左脚向前一踢，对学生说："大家看，这就是'身'字的字形，'身'字上面的一小撇，好像一个人的头部，中间部分是身子，身子里面有心肺、肠胃等器官，下面部分好像两只脚，一只脚站着，一只脚向前踢出去。"学生看了字形，又看看老师的姿势，会心地笑了。

二、识字教学设计策略

（一）多认少写，认写分开

要读书、作文必先识字。字识得太少，阅读、作文必将遇到很大困难。所以，要教学生掌握书面语言，能读会写，必先认识足够数量的汉字。我国传统识字教学就是这样做的。学生先用一两年的时间读完"三、百、千"（《三字经》《百家姓》《千字文》）。"三、百、千"是识字材料，读完后就能识近两千字。然后，再去读"四书""五经"，再去做文章。可是，自1912年我国实行新学制以来，片面强调识字要合乎儿童兴趣，要贴近儿童生活，造成识字量锐减，每课只学三五个字，结果两年下来，学生的识字量不到一千字。这就造成识读的矛盾，识字拖了阅读的后腿。要缓解这个矛盾，就得将低年级识字量提高。然而，识字量多，学生的负担又会太重，吃不消。

《语文课程标准》提出了"多认少写，认写分开"的要求，即提出"认识"和"学会"两种学习目标：认识的字——要求能见其形读其音，只要求认识，在课文中认识，在其他语言环境中认识，不抄不默不考；学会的字——要求会读、会写，懂得字词在语言环境中的意思，学习在口头和书面表达中运用。

（二）激发学生的识字兴趣

识字教学除了要注意字形教学的生动性、趣味性，课堂上还可采用学生乐于接受的方式创设有趣的识字情境，来鼓励学生识记和巩固识字成果。可以把生字卡做成果实状，把它们挂在"果树"上，用"摘苹果"的游戏吸引学生，积极记忆字形；有时可以在黑板上顺手简笔绘"百花园"，把生字卡做成鲜花形，做"采花"游戏，调动学生积极动脑筋，想办法记忆字形的积极性。在学生记住字形后，还常用"找朋友"等方式，或要求学生找正确读音，或要求学生找正确部件，或要求学生找出正确的组词，把字的音、形、义有机结合，来强化记忆效果。下面列举六种方法：

（1）营造轻松愉悦的识字氛围。

（2）充分利用教材。

（3）发现汉字构造规律的趣味性。

（4）采取多种形象直观的教学手段，化抽象为形象。直观的教学手段包括简笔画、演示（实物演示、肢体语言）、电教媒体（录音机、投影仪、计算机等）。

（5）创设丰富多彩的教学情境，让学生在游戏活动中识字。

（6）利用儿童的生活经验，将识字和生活、识字和认识事物相结合。

（三）教给学生识字方法

识字教学不仅是让学生掌握几个汉字，更重要的是在教识字的同时教给学生识字的方法，这是识字训练的重点。教师要充分挖掘教材的因素，由浅入深地提高学生的识字能力。学生掌握了方法，识字的兴趣、能力就会有显著提高，从而收到事半功倍的效果。

在实践中，学生养成了寻找最佳方法识字的习惯，把主动权交给学生，当他们全身心地投入，去想各种各样巧妙的办法时，识字教学不仅变得很容易，而且充满了趣味和快乐！

（四）开发识字资源

（1）结合课文内容积累相关词语。

比如，低年级每册教材都安排了归类识字的课型，目的是教给学生识字方法，培养主动识字的意识。可以利用这一资源即用一课时上教材内容，再用一课时上同类方法识字的拓展课，达到巩固识字方法、增加学生识字量的目的。

（2）结合学生的语言运用，积累相关词语。

教师要给学生的活动创设一定的情景，激发学生识字的兴趣，利用文本语境与生活实际，初识字音，了解字义。在第三册教材中有一组关于撒尼族风情的词语，把它们放在特定的语言环境中来感知、理解和掌握，如选择词语描述图画，在具体情境中巩固、理解汉字。开展"民族文化大家谈"活动，出示我国 56 个民族的名称，学生在读名字、说字形、讲风俗的过程中与生字频繁接触，在具体的情境中对生字有了深刻的印象，识字兴趣被有效激发出来。

（3）从课本、课堂中识字走向生活识字。

开发利用教材的课程资源，对教材进行补充和延伸。例如，学习了"元宵节"这一单元，就组织学生通过各种渠道收集与春节有关的资料，将课程延伸到学生的生活中。这一活动的开展，让孩子们通过对联认识了很多字，积累了不少语言，还知道了对联是我们中华民族特有的一种艺术形式，增强了民族意识。

（4）在生活中注意汉字，在阅读课外书中识字。

让学生从生活中日用品的名称、标识和产品说明书内容的熟悉中，提高识字水平。让学生遇到不会写的字或不会读的字，应该通过多问、多查字典等多种渠道来不断提高识字水平；也可以从生活所见所闻的事情中去观察汉字，让学生养成注重平时积累素材的良好习惯，做到勤学苦练等，这同样可以提高学生的识字能力。

（五）运用多种形式复习巩固生字

小学生识字学得快，忘得也快。如果学过的生字不及时复习巩固，就很容易回生。儿童掌握字词，并不是一次就可以完成的。对于所要把握的，听懂了，也不等于完全掌握了，还要看会不会正确地、灵活地应用。多练习、多应用，既可以扩大和加深对字词的认识，又可以锻炼学生逻辑思维的准确性和灵活性，提高语言表达能力，因此，在教学中对于学生所学字词，都要尽量给予充分的练习和运用的机会。要使学生牢固地掌握生字，就必须做好复习巩固工作，而且方式方法要多种多样。

三、识字教学的一般流程

识字教学的一般步骤：提出生字(须结合具体的语言环境)——教学生字(结合形音义,初学突出字形教学,高年级突出字义教学)——复习巩固(整体认识,分析综合比较)——运用生字(阅读、复述、造句、写话、写作等)。

下面是一线教师总结的小学语文低年级识字教学一般流程设计模板(第一课时)。

(一)创设情境,激趣引入

(二)初读韵文(诗歌),认识生字

1. 教师范读韵文(诗歌),学生注意听准字音。(根据学生认知水平可和第 2、3 点做调整)

2. 学生借助汉语拼音自由读韵文(诗歌),注意读准字音。

3. 圈出文中的生字(用不同符号标出会读的字和不会读的字),同桌互读,互相纠正。

4. 教师出示生字卡检查学生读生字、词的效果(先检查带拼音的,再检查去掉拼音的生字)(课文下面的生字、会认的生字)。

5. 学生再读课文,把句子读通顺。

6. 整体感知韵文(诗歌)内容。(可以提出以下问题:有几句? 韵文写了什么? 你知道了什么?)

7. 小结。

(三)深入探究,学习生字

1. 教师出示会认、会写的生字要求学生复习认读。选择指导识记会认的生字。重点指导识记会写的生字。(包括分析字形结构、理解字义、识记字形的方法、组词、说话指导。)(组词、说话时注意词序、语序调换。例如,"一"的组词:第一、一天;用"西瓜"说一句话:我喜欢吃西瓜,西瓜真好吃,这只西瓜又大又圆。)

2. 分别指导书写部分会写的生字。(有共同点的生字,或同始笔笔顺、或同结构等。)

(1)观察生字在田字格上的位置及关键笔画所在位置。

(2)师在田字格上范写一个,学生跟教师书空一遍。

(3)生在课本描一个写一个,同时指名学生到黑板田字格上写。

(4)师生评讲。

3. 小结。

(四)巩固提高,课外拓展

1. 朗读课文。

2. 在生字簿写生字、解决课后练习或拓展练习。

3. 总结。

四、实战演练

1. 请说说"叼、首、托、曲、抱、饱"各用什么方法释义。

2. 讨论：观看一节识字教学录像，运用所学知识加以评析。

3. 从"休、捧、棒、聪、灭、埋、旱、臭、甜、碧、琴、赢、鸟、掰"中选出 1—2 个生字进行识字教学，写出教学设计。

4. 试教：

(1) 从"休、捧、棒、聪、灭、埋、旱、臭、甜、碧、琴、赢、鸟、掰"中选出 1—2 个生字，教学音、形、义。教学时间为 5 分钟左右。

(2) 任选 2—4 个汉字进行识字教学，写出教学设计，并分组进行试教。教学时间为 10 分钟左右。

工作任务 2　写字教学的教学设计及试教

写字既是一项重要的语文基本技能，又是一个人语文素养的体现。学习书写的过程是巩固识字、体会汉字文化、接受民族文化的过程，有利于培养学生热爱汉字的情感、良好的学习习惯和认真负责的精神。因此，应在各个学段重视写字教学。

一、写字教学的内容

1. 铅笔字的教学。

铅笔字是学生正式接受写字教育的开始，教学要进行细致、科学的指导。

(1) 教学生正确的写字姿势，包括坐的姿势和执笔的方法。

(2) 教给运笔的方法。

(3) 教学生使用田字格。

(4) 指导学生掌握汉字的笔顺规则和间架结构。

2. 钢笔字的教学。

(1) 教给学生执笔和运笔方法。

(2) 指导钢笔字的结构。

(3) 指导写钢笔行楷字。

3. 毛笔字的教学。

中国书法艺术源远流长，影响深远，是中华民族优秀传统文化艺术中一颗璀璨的明珠。《语文课程标准》要求学生在 3—4 年级"能用毛笔字写楷书，在书写中体会汉字的优美"，在 7—9 年级"用毛笔临摹名家书法，体会书法的审美价值"。

(1) 教给学生正确的执笔方法。

(2) 指导写好笔画、安排结构。

(3) 指导学生摹书临帖。

二、写字教学的方法

写字教学常用的方法有讲授法、观察法、示范法、比较法、实践法、熏陶法、多媒体辅助法等。

1. 讲授法。

讲授法是教师用语言来讲解写字知识、书写要领的方法。讲授时应突出重点,解除疑难。语言要准确精练,通俗明白,有吸引力,富有启发性。

2. 观察法。

观察法是教师有目的、有计划地引导学生用直接知觉去观察汉字的造型特点的方法。指导观察时要注意:一要有目的,有具体的观察要求;二要有顺序;三要动脑。有了准确的观察,写出来的字就容易符合要求。

3. 示范法。

教写字只靠讲不行,必须书写示范。教师示范时应注意动作缓慢,可边示范边讲解,帮助学生看准字的形态,看清书写的过程,进而理解运笔造型的道理。引导他们眼看、耳听、心想,加深体验。

4. 比较法。

运用比较方法帮助学生掌握字的特点。写字教学中有正确与错误、美观与丑陋、主要与次要的对比;比较的形式也有新旧知识之间的比较、示范比较、正误比较、练习情况自我比较等。比较时,学生可在老师的指导下进行比较,也可独立运用比较的方法认清字形,分析字的特点,有效地进行书写练习。

5. 实践法。

学生写字,不是要口头懂得多少写字知识和书写规则,而是要在实践中即练习书写中体验和掌握书写技法,形成书写能力。练习书写要与观察、思考、记忆结合。要依据学生的年龄特点、心理特点和书写实际,合理安排时量和难度,同时还要注意激发学生的积极主动性,使练好字成为学生的一种内心需要。

6. 熏陶法。

熏陶法是学生在学习书法的过程中,运用多种教学手段,对学生进行熏陶感染,逐步培养学生审美趣味,引起审美心理的逐步变化。运用熏陶法,应注意营造良好的学习环境,使学生受到环境的感染。例如,布置浓厚学书氛围的书法教室;引进文学艺术书法作品,增添书法欣赏的文化品位和趣味性;经常观察碑帖、字帖,让学生体悟中国书法的艺术美。

7. 多媒体辅助法。

运用多媒体课件辅助教学,直观形象,富有动感,能激发学生的兴趣,更好地掌握写字方法与技巧,有效地提高教学效率。例如,运用多媒体演示汉字的笔画或书写过程,能促使学生尽快地掌握汉字的笔画书写要点和笔顺书写规则;运用多媒体展示名家书法作品或学生中的优秀作品,引导学生欣赏、品评,展示自己的习作并学会评价,从而不断地提高审美能力。

以上是基本的教学方法,每种方法都不能孤立地使用。应考虑学生的实际,因人而异,不同的教学内容综合运用各种方法。

三、案例研习

写字教学案例片段

师：小朋友，还记得上节课我们学的识字4吗？一起来背一下好吗？

生：好！（师发音后学生齐背）

师：课后有6个要求书写的字，我们来跟它们打个招呼吧！

生：（齐读）"蚂、蚁、前、空、房、网"。

师：请这一组开小火车读一个字，再组个词。（如：蚂——蚂蚁）

师：这节课我们来学写这几个字，有信心写好吗？在写之前，我带来了两个人的书写作品，（出示）你觉得这些字写得怎么样？

生：这些字写得真漂亮！

生：这些字写得很棒。

生：这些字排得非常整齐，大小也很均匀。

师：你说得真好！能猜猜是谁写的吗？

生：我猜是我们班的×××同学写的。

生：我猜是王老师写的。

师：你猜对了一半。这里的第一件作品是当今书法家邹慕白写的，也就是老师要求大家跟着描摹的那些字。（出示小学生描摹字帖给大家看）这第二件作品才是王老师写的，和书法家邹慕白相比还差远了。想跟王老师学一学吗？

生：想！

师：那我先考考你们，怎样才能把字写得更漂亮？

生：看清楚每一笔在田字格里的位置，注意笔画的长短和轻重。

生：要照着田字格里的字来写。

生：要注意写字的姿势，记住抬头、挺胸，保持"一拳、一尺、一寸"。

生：写好了一个字，还要和做样子的字比一比。看看哪些地方写得好，哪些地方还不够。

师：同学们说得真好！下面我们就用这种方法来学写这6个字，在写之前，老师先请大家给这6个字分分组，你们看哪几个字可以分在一起？为什么？

生：我认为"蚂蚁"两个字可分在一起，因为它们都有一个虫字旁。

生：我同意，"蚂蚁"这两个字还都是左右结构。

生：我认为"空、前、房"三个字可分在一起。因为这三个字都是上下结构。

生：我认为空和前可分为一组，它们是上下结构的字。"房"应该和"网"在一起，它们都是半包围结构的字。

师：你真会动脑筋，不愧是我们班的智多星！现在我们分成三组来学写这些字，先仔细观察"蚂蚁"这两个字，看看有什么相同之处？

生：都是左右结构，都有虫字旁。

师：写左右结构的字应注意左右两个部分要靠拢一些。大家仔细观察这两个字的虫字旁在田字格中的位置有什么不同？

生："蚂"字的虫字旁要比"蚁"字的虫子旁要稍微高一点，而且稍微小了一点。

师：你观察得真仔细！还有谁要提醒大家写这两个字时应注意什么？

生：这两个字都是左右结构的字，左右两个部分都要写得瘦长一些。

生：虫字旁的一竖要写得稍长一些。

生：马的最后一笔横要长一些，过竖中线。

师：说得真棒！这两个字右边部分都要略微宽一些，部分笔画超过了竖中线，请你们仔细观察老师有没有按照大家的要求来写。

（师边范写"蚂"字边讲解书写要点，一个扁扁的"口"基本落在左边横中线的上面，一竖上面稍微长一些，下面短。右边的马脖子瘦长，马尾巴的一横过竖中线。）

师：请大家照着老师的样子也来写两个行吗？

生：行！（生练写，师巡视指导）

师范写"蚁"字，写的时候提醒大家，虫字旁的"口"字基本落在横中线下面，右边"义"的撇和捺要舒展。

生模仿练习书写"蚁"字。

用同样的方法练习书写"空、前"两字。

师：接下来让我们来比比眼力，看看同学们写的字，评一评哪个字写得最棒。

（投影仪展示学生作品，指名学生评议）

【教学反思】《语文课程标准》指出："写好字对开发能力、陶冶情操、发展个性、培养审美能力、促进学生的全面发展都有积极的影响。"本堂写字课内容为人教版第一册《比一比》一课中的4个生字，在教学预设中，我努力让学生做到笔笔认真，字字端正，行行整洁，从而养成良好的书写习惯。课堂上学生写字的兴趣很浓，写得也很投入，更让我庆幸的是通过指导，学生的写字姿势有了很大的改善，写字质量也得到了有效的提高。在课堂中，体现以下三个特点。

1. 养兴趣——爱写字。

（1）猜一猜、拼一拼生字宝宝等游戏，让学生积极主动地参与到课堂中来，有效地激发学生识字写字的兴趣；（2）通过开展小小书法家的竞赛来增强学生的竞争意识，提高写字积极性，使他们的学习热情更加高昂；（3）在学生试写体验的基础上，再讲解，突破难点，并运用多元评价机制（如优秀奖、进步奖……），对学生作业及时点评、表扬、奖励，使学生产生成就感，树立学生写字的自信心。这样学生的学习积极性较高，课堂气氛也较为活跃。

2. 重观察——学写字。

独体字的笔画少，字形结构较难把握好，如本课的教学中，难点是把"牛、羊、小、少"4个字写端正、漂亮。我在课前预设运用观察比较的方法——"看清形、找重点、记心中、努力写"，让学生看一看、想一想：要写好这个字，重点要写好哪一画？学生抓住重点笔画写，这样独体字在田字格中的结构就把握好了。最后，仔细观察老师范写，这是最直接的指导，引导学生看清每一笔的运笔方法，并试着这样写。这既是指导书写的过程，也是巩固识字成果的过程,有利于学生掌握生字书写的笔顺及运笔方法,学生的写字水平一步步提高了!

3. 练姿势——养习惯。

要提高学生的写字能力,养成正确的写字姿势和良好的写字习惯尤为重要。为此,在写字之前,是这样引导的:"小朋友,下面我们要开始写字了,你觉得要注意什么呀?"(生边做动作边唱儿歌:拿起笔,要注意,写字做到三个一,"手握笔要一寸、头离书有一尺、胸离桌有一拳"……)学生的表现欲强,个个坐得非常端正,自然而然地养成了坐端正再写字的好习惯。在学生写字的过程中,自始至终地注意学生的坐姿,以奖励"端正星"和"认真星"为引导,教师提醒学生,学生提醒学生,形成师生、生生相互督促的学习氛围,以及时纠正不良坐姿。同时,以争取"观察星"和"清楚星"为目标,使学生养成"看字形、记心中、再下笔",保持纸面整洁,尽量不用橡皮擦的良好写字习惯。

四、实战演练

1. 观看写字教学录像,讨论教师是怎样指导学生练习写字的。

2. 任选 2—4 个汉字进行写字教学,写出教学设计。

3. 试教:任选 2—4 个汉字进行识字教学,写出教学设计,并分组进行试教。教学时间为 10 分钟左右。

项目四　阅读教学技能

工作任务 1　熟悉阅读教学的方法

一、什么是阅读教学的方法

阅读教学的方法指的是为了实现阅读教学目标而采用的手段、方式、途径等,包括教师教的方法和学生学的方法。

二、阅读教学方法的类型

(一) 从教师和学生双方在课堂中的活动情况来分类

1. 串讲法。

串讲法就是教师按照课文的结构顺序,逐句逐段地讲解学生不易理解的词句,并贯穿上下文、疏通语句文意的教学方法。

2. 谈话法。

谈话法就是提出一些问题,启发学生积极思考,引导学生作出正确解答的教学方法。

3. 讲读法。

讲读法指的是教师的讲与学生的读和练习相结合的阅读教学方法。

4. 讨论法。

讨论法指的是在教师的指导下,由全班或小组围绕某一个中心问题各抒己见,共同研讨,相互启发,集思广益地进行学习的一种方法。

(二)从理解内容、领悟感情、积淀语感、学习语言这个角度来分类

1. 诵读法。

诵读法是传统的语文教育的基本方法,包括默读、朗读和背诵。诵读法有助于从诗文的声调、节奏、气韵等方面体味作品丰富的内涵和情感,增进体验、感受和理解。

2. 品味法。

品味法是揣摩品味课文的重点词句,领悟其意蕴和技巧的方法。

3. 设境法。

设境法是在课堂内创设情境或借助录音、图片、简笔画等音像媒体,将课文的语言还原成具体形象,让学生入情入境,领悟语言的内涵和语言表达的技巧的教学方法。

4. 表演法。

表演法是借助教师和同学的表演,展示语言的内涵;或者让学生分角色表演,凭借角色效应,促进感悟的一种教学方法。

5. 生活体验法。

生活体验法是引导学生在阅读时,调动与文本内容相同的生活体验记忆,与文本中的情境、形象相比照,从中获得深刻的阅读体会。

6. 练习法。

练习法是教师根据课文的特点精心设计练习题,让学生用完成习题的方式来理解文本内容、积累运用文本语言的一种教学方法。它增加了学生动手、动脑的机会,突出了语文教育的实践性,有助于提高教学效率。

7. 综合训练法。

综合训练法是在阅读教学过程中,把听、说、读、写有机地结合起来,把对文本的感受、理解、积累和运用有机地结合起来。

8. 电教法。

电教法是利用多媒体资源激发学生的学习兴趣。

工作任务 2　设计阅读教学的过程

阅读教学过程指的是教学某一篇课文的实施步骤和操作程序。

一、阅读教学的基本步骤和方式

1. 基本步骤。

(1)导入激趣,唤起学生参与动机。

(2)导读提示,激发学生自读质疑。

（3）引导点拨,组织学生合作探究。

（4）创设情境,引导学生入境悟情。

（5）总结延伸,鼓励学生迁移拓展。

2. 基本方式。

阅读教学要培养学生阅读能力。理解、记忆、速度是阅读的基本要素,培养学生阅读能力可以采取以下方式:

（1）精读和略读。这是培养阅读能力的基本方法。阅读方式以精读为主,略读为辅。

（2）快速阅读。课程标准规定:小学高年级默读的速度每分钟应不少于 300 字。

（3）书面及多种形式的扩展阅读。书面文字是阅读的主要渠道,一些精品书籍、精品诗歌、散文等,要留有充分的时间,鼓励学生课内、课外认真品味,从中学习上乘的语言,体会作品的文化内涵,增加思想的深度,形成对事物的认识。

二、不同类型的阅读教学的过程设计模式

设计好一节课,我们还要把握不同课型的教学流程,还要做到手中有案、心中有案。

1. 朗读型阅读教学的过程。

导入——初读——深读。

采用该过程进行教学必须注意:读要有目的;读要有重点;读要有指导。

2. 探究型阅读教学的过程。

初读课文——探究主题——成果交流。

3. 导学型阅读教学的过程。

导学——自学——说学——结学——用学。

4. 读写结合型阅读教学的过程。

明确目标——阅读课文——领悟写法——迁移习作。

5. 综合训练型阅读教学的过程。

导入——初读——深读。

6. 创造型阅读教学的过程。

不拘一格,敢破敢立。

三、不同学段的阅读教学流程设计模式

1. 低年级段阅读课教学流程。

下面就以两个课时最基本的操作模块,简单介绍如下。

第一课时

第一板块:激趣导入,调动学生的学习积极性,引发阅读猜想,形成阅读期待。

第二板块:通过不同形式的读,确保每一个学生都能正确、流利地朗读课文。

第三板块：调查、了解学生对生字的把握情况。（可根据文本的具体情况决定采用随文识字或集中识字）

第四板块：有指导性的课堂写字练习。（指导书写时，要对生字进行归类指导书写）

第二课时

第一板块：复习。

第二板块：围绕话题，选择重点；读中感悟，以读见悟。

第三板块：熟读成诵，形成积累。

第四板块：通过多种形式的课堂练习实现整合。

注意：对于低年级的学生来说，指导书写是教学的重点。

2. 中年级段阅读课教学流程。

第一课时

（1）创设情境，引发猜想，建构阅读话题。

调动学生已有知识经验去与课题或文本碰撞，从而引发学生对文本的猜想，形成阅读期待。

（2）初读课文，合作探究，整体感知课文内容。

第一步：先放手让学生自由朗读课文1—2遍，要求学生边读边画出生字词，多读几遍。

第二步：检查课前预习情况。可以是个别读、小组读，也可以是男女生分读，随时纠正学生读错的字，注意把课文读正确，读流利。

第三步：老师提出问题，学生带问题默读、思考。

第四步：指导学生归纳课文的主要内容——自己先想一想，再与同桌商量商量，用1—2句话来描述主要写了什么人、什么事，然后写在课本上，最后交流。

（3）指导写字，强化对生字（词）的认知。

进入中年级以后，这一任务可在预习中解决，课堂上主要通过适当的反馈，对自学的情况进行督查。

（4）布置作业，为下一节课作铺垫。

作业一般以写字及词句的练习为主，也可以适当布置课外搜集或阅读与课文相关的资料。

第二课时

（1）复习检查，巩固认知。

（2）精读课文，调动学生多种感官来体验。

围绕话题，选择重点，以多种形式的读为基础，引导学生发现段、词句之间的内在联系，一步步引导学生熟读课文，把课文语言初步内化为学生自己的语言。

（3）回顾全文，形成积累，启发感悟。

在学生熟读全文的基础上，摘记优美词语、背诵精彩段落。

阅读教学要以读书训练为重点，教给读书方法，注重读书质量，扎扎实实地落实阅读教学的"六字诀"，即"读得进"——既要重视朗读，又要重视默读，引导学生原原本本地、平心静气地读、整体联系地读，步步深入地读；"记得住"——是小学生阅读能力培养的必经之路，小学生正是记忆的最佳期，因此，要做到活记乐背，主动积累，熟读成诵，水到渠成，坚决扭转和反对唱读课文的现象。

3. 高年级段阅读课教学流程。

第一课时

（1）创设情境，切入文本主题。

此环节讲究激励性，教师根据不同课文的不同特点，以灵活多样的方式入手，巧妙地导入新课，激发学生思维，能使他们一开始就处于跃跃欲试的状态。

（2）初读课文，整体感知。

① 师提出朗读目标：读准字音，读通句子；思考文章主要内容。

② 选用自己喜欢的方式朗读课文（自由朗读）。

③ 检查初读，相机指导。

④ 再读全文，把握内容。

⑤ 用自己的话简要说说主要内容。

语文课堂重在读，以读促悟，读需有一定的目标性，学生用自己喜欢的方式朗读，有利于其更快地达到目标，有的放矢。

（3）再读释疑，手脑结合（根据实际，酌情处理）。

引导学生在再读课文（指导学生学会默读）时，动笔在文字旁记下自己的感悟，学生动脑又动手，培养其养成良好的读书习惯，这也正应古人语"不动笔墨不读书"。

第二课时

（1）复习旧知，导入新课。

学生快速阅读课文，概括上节课所掌握的知识，引出本节课的学习目标。

（2）畅谈感悟，突出重点。

在上节课精心准备的基础上，为学生创设民主、轻松、开放、互动的学习氛围，大家畅谈自己对文章的理解（可分字、词、句、段等方面），为激发学生畅谈热情，教师可参与到此项活动中来。让学生亲身经历读、思、议，悟出文章的重点段，文中所寄寓的情和意。

（3）精读品味，深入探索。

这一环节的设计，引导学生抓住几个重点词、句，有感情朗读，指名说说理解的字、词、句，并有针对性地组织学生集体讨论交流，学生充分地说，教师灵活地导，并教给学生联系上下文加深理解的学习方法。在这轻松、和谐的朗读议论中,紧扣文本,对学生进行情感、态度、价值观的正确引导,进一步升华课文的主题。

(4) 植根文本,读写结合。

根据课文的特点,选择适当的角度,引导学生进行"小练笔",对课文从句式、段式、立意和写法等方面进行模仿,增加学生的语言储备和材料积累,提高学生的写作水平。

(5) 课内外结合,拓展延伸。

课内教学资源特别是教科书的开发利用,是课外学习资源开发利用的基础和依据,课外学习资源的开发利用,可以成为课内教学资源开发利用的深化和补充。我们要按照《语文课程标准》精神改革课堂教学,尽快做到"少做题,多读书,读好书,读整本的书"。同时,解放学生的时间与空间,让学生在更广阔的天地里学语文、用语文。

四、案例研习

案例一:

《唯一的听众》教学设计
让阅读教学清晰起来
薛法根

阅读教学在"教什么"这个问题上一直莫衷一是、徘徊不前,同一篇课文可以教出截然不同的内容来,而更多的时候是跟着课文内容跑,课文写什么就教什么,跑着跑着就跑到别人的道上去了,自己模模糊糊,学生糊里糊涂。让阅读教学清晰起来,教得明明白白,学得扎扎实实,关键就在于把"课"研得透彻一些。《唯一的听众》是人教版五年级上册的课文,学生读过三五遍之后,课文基本能读正确、读通顺,内容也大体上能读懂了。阅读教学正是在这样一个基础上,从学生自以为是的"已知已能"中,指出他们理解和感悟上的盲点,揭示他们实质上的"未知未能"之处,再雄辩地揭示课文蕴含着的"语言秘密",使课堂充满理智的挑战。由此,教学目标应该更加明确而集中,教学内容应该更加清晰而精要;教学活动应该对应教学目标,以相应的教学活动实现教学目标,真正让学生学有所得、习有所获,乃至豁然开朗。

教学目标:

1. 学习课文生字词,联系语境理解意思,并正确书写。

2. 在教师指导下,了解"我"在练琴过程中的心理与行为变化,从中体会那位"耳聋"老人给予"我"的自信和关爱。

3. 初步体会"前后照应"的表达方法,并学习补写一段课文中的"留白"。

教学过程:

板块一: 联系"语境",读写"字词"。

1. 相继出示下列生字、生词,指名朗读:

仪,隆重的仪式;

歉,抱歉;插话:"歉"字笔画多,易写错,看老师板书。

溜,溜走;插问:怎样走才算溜走?

割,无法割舍;插问:哪些东西让你无法割舍?

2. 出示生字:嘿。

(1)这是一个叹词。叹词一般表示强烈的感情。字不离词,词不离句。读一读"嘿"所在的句子:"我羞愧起来,同时有了几分兴奋。嘿,毕竟有人夸我了,尽管她是一个聋子。"

(2)这个"嘿"字表示什么?

归纳:"嘿"字表示内心暗暗的欢喜、惊喜、兴奋……是几分兴奋,而不是十分兴奋。因为"她是个聋子",听不到我的琴声,夸我的话不能当真。

(3)范读并提示:"嘿"的语气宜"气满声高",以传达出兴奋的感情。

3. 出示:悠,悠悠的小令。

(1)小令就是小曲。悠悠的小曲听来是那么?那么?那么?

(2)放到课文句子中去体会一下:"林子里静极了。沙沙的足音,听起来像一曲悠悠的小令。"注意这里的"悠悠的小令"。你发现这个句子写得有什么特别的吗?

归纳:这个句子运用了"比喻、反衬"的手法,以沙沙的足音反衬林子的寂静。

(3)追问:"沙沙的足音"如果改成"蹬蹬的足音",行吗?"沙沙沙的足音",行吗?

归纳:"蹬蹬的足音"显得力大沉重,"沙沙沙的足音"显得急促纷杂,全没有"小令"般的轻盈优美、悠闲悦耳;且"沙沙的足音"对"悠悠的小令",对称工整,朗朗上口。

(4)字不离词,词不离句,句不离段。读一读这个句子所在的段落:"一天早晨,我蹑手蹑脚地走出家门,心里充满了神圣感,仿佛要去干一件非常伟大的事情。林子里静极了。沙沙的足音,听起来像一曲悠悠的小令。我在一棵树下站好,庄重地架起小提琴,像举行一个隆重的仪式,拉响了第一支曲子。"

提问:在什么情况下,你听到这沙沙的足音才像一曲悠悠的小令?

归纳:一个人只有在这样的心境下才会有这样的体会:愉悦的、美妙的、舒畅的、自信的……也只有在有音乐天赋的、挚爱音乐的人耳朵里,听到"沙沙的足音"才会联想到"悠悠的小令"。这段中的"景语",其实就是作者表达心情的"情语",正所谓"一切景语皆情语"!

(5)学生练习朗读,进一步体会作者愉悦、激动的心境。

4.你看,这些字、词,在课文中包含着那么丰富的含义、情感,我们要用心品读,用心到课文中去发现那一个个语言的珍珠吧。一边读,一边把那些让你心里一动的字、词画下来。

板块二:关注"心理",概述"故事"。

导语:"我"先后在哪些地方拉小提琴?都有哪些听众?心情有哪些不同?请你用心读一读课文,然后概括地说说课文的主要内容。

板块三:品读"话语",体验"心理"。

1. 用心读读老人那些"诗一般的语言",体会一下,是怎么打动我的?女生读老人的话,男生角色体验"我"的"心理"。(从以下方面引导)

引导学生思考:你当时为什么要溜走?听了老人的这句话,你还溜不溜了?你的脸还发烧吗?你现在拉不拉?就拉这一次吗?

引读:"真不错。我的心已经感受到了,谢谢你,小伙子。"

谈感受：现在,你的心里有一种什么样的感觉?

填空表达：透过老人"诗一般的语言",你分明感受到了老人"_____ 一般的 _____"。

2. 透过老人"诗一般的语言",你能走进老人的内心世界吗? 教师逐层问女生：

明明是他难听的琴声破坏了你独享的幽静,为什么却说是你打扰了他呢?

明明知道他拉得像锯木头,为什么还说他一定拉得非常好呢?

明明你是个音乐教授,是个小提琴家,为什么撒谎说自己是个聋子?

明明听他拉琴就是一种折磨,为什么还要每天做他的听众呢?

明明那么难听的琴声,你为什么一直那么平静呢?

……

有这样的心灵才会有这样"诗一般的语言";有这样"诗一般的语言",我的心才会被深深地打动了。

3. 总结：什么叫体会? 就是设身处地地像人物那样地去想。这么一想,什么都会了然于心,读书就深入了。

板块四：读懂"变化",体会"照应"。

1. 很快我就发觉自己变了。读读课文,边读边联系上文：我以前怎么样? 现在怎么样?

2. 教师引读：

以前,我不敢在家里练琴;现在,我又开始在家里练琴了。

以前,父亲和妹妹只能数次受到我基本练习曲的折磨;现在……

以前,我坐在木椅上练琴;现在……

以前,我只想到林子里一个人悄悄地练琴;现在……

以前,我总担心唯一的听众会捂着耳朵逃走;现在……

以前,老人总是不忘说上一句："真不错。"现在她说……

以前,我常常记得她是个可怜的聋子;现在……

以前,她一直很平静地看着我;现在……

3. 你从刚才的朗读中发现这段话在表达上有什么特点?

归纳：前后照应。

4. 哪些字、哪些词引起了你的注意? 从这些字词中,你感到我变得怎么样了? 用恰当的词语在旁边写下你的批注。

归纳：自信了;勤奋了;刻苦了;感恩了;进步了;投入了;胆大了;开朗了;熟练了……

5. 学生练习朗读。

板块五：补写"留白",反思"省略"。

导语：我心中的这个秘密在妹妹的惊叫声中真相大白。下面会发生什么? 我心里会有怎样的感慨? 会想些什么? 以后的每天早晨,我还会在树林里拉琴吗? 老人还会早早地等着我吗? 我会跟老人说穿这个秘密吗? 老人会跟我说出事实的真相吗? 还有很多很多的可能。课文却只写了六个点,省略了。你能发挥自己的想象,把这六个点省略的内容、情景补写出来吗?

案例二：

《记金华的双龙洞》第一课时教学设计①

江西省南昌市站前路小学　甘　密

教材分析：

这是叶圣陶先生早年写的一篇游记，也是小学阶段的学生接触的第一篇游记。文章记叙了作者游览金华双龙洞的情景，融情于景，表达了作者热爱祖国秀丽山河的思想感情和欣赏大自然的审美情趣。

文章按游览顺序记叙，依次写了游金华双龙洞时的路上见闻、游外洞、由外洞进入内洞、游内洞的所见所闻所感及乘船出洞的情况。通过描写路上景色的明艳、溪流的欢唱、外洞的宽敞，以及内外洞连接处孔隙的"窄、低、小"，内洞的"黑、奇、大"，在读者眼前展现了大自然的鬼斧神工、美轮美奂，令人感到身临其境。

全文思路清晰，结构严谨。课文按两条线索来写。一条是作者的游览顺序，是"顺"的线索，抓住景物特点来写。另一条是泉水、溪水的来路，是"逆"的线索。两条线索巧妙地交织在一起，使景点的方位和作者观察的移动有机结合，同时移步换景，堪称游记体文章的典范。其中"过孔隙"一段，以"段"的形式，集中体现出游记体"篇"的特点，将游程、见闻和感受有机结合，是中年级学生学写游记的优秀范本。

本文的另一大特色是作者观察仔细，语言朴实准确，描写生动形象，叙述有详有略，分别详写了孔隙、内洞的风貌，突出了双龙洞的特色。

选编本课的意图：一是通过阅读，让学生感受金华双龙洞自然景观的美，激发学生热爱大自然的情趣；二是通过感悟，让学生了解作者按游览顺序记叙的表达方式，并体会、运用作者将见闻和感受结合，把事物写得具体形象的表现手法。

本课的教学重点是感受孔隙窄小的特点。教学的难点是指导学生用常见的事物和自己游览的感觉，把景物的特点写具体，使人感觉身临其境。

针对2011年新课程标准要求，语文教学应加大语言文字的实践运用，其中第二学段应落实"段"的训练。所以，本课作为第一课时教学设计，旨在抓住游览顺序，通过感知整体，了解游记特点，然后重点讲"过孔隙"，梳理出本文的表达特色，并指导学生学以致用。

教学目标：

1. 学习本课生字、新词，理解词义。

2. 了解游览顺序，感受双龙洞景象的奇异，激发热爱大自然的情感。

3. 有感情地朗读课文，体会双龙洞内孔隙的特点。

4. 领悟移步换景的游记特点，体会并运用作者将见闻和感受结合，把事物写得具体形象的表达方式。

重点难点：

1. 学习按游览顺序记叙的方式和感受孔隙窄小的特点。

---

① 人教版课标实验教科书四年级下册第三课。

2. 指导学生运用常见的事物,结合自己游览的感觉,把景物特点写具体,使人身临其境的表达方式。

教学准备：

教师搜集有关表现祖国大好河山的风景图、金华双龙洞的文字、图像等资料,做成 ppt 课件。

要求学生提前预习,读课文、认生字、标自然段,制作作者游览过程示意图,现场用展示台予以展示呈现。

教学过程：

一、课前谈话

同学们,祖国的山川秀美,到处都有迷人的景色。瞧,这是哪儿?(课件出示厦门鼓浪屿图片)这迷人的风光让我想起了一句诗文:雾锁山头山锁雾,天连水尾水连天。再看看老师家乡的一处美景(课件出示江西庐山图片),你看到这样的景致,能像老师刚才一样想起怎样的诗句呢?

谈话时,课件出示画面,教师引导学生联系生活,欣赏祖国的大好河山,并结合已学的诗文表达情意。

二、揭示课题,反馈预习,整体感知

1. 出示图片,揭示课题：记金华的双龙洞。(板书课题)

2. 点明体裁特点,介绍游记是记叙旅行的见闻和感受的文章。(板书：游记)

3. 结合课前预习,反馈预习成果,学生出示制作的作者游览过程示意图,对照课文,互相交流讨论。

小结：课前预习是学习的一种好方法,通过预习,我们了解了作者游览双龙洞的顺序。交代游程(板书)是游记的一大特点。所到之处,叶老又看到了什么?听到了什么?有怎样独特的感受呢?(板书：见闻 感受)让我们走进课文,随着叶老到字里行间去游历一番。

三、初读课文,学习字词,了解"双龙洞"得名

1. 学生自由读课文。读准字音,读通句子。

2. 学习生字新词,注意"浙、蜿"等字的读音。(课件出示词语：浙江 臀部 稍微 额角 蜿蜒)

3. 指导学生结合汉字形声字构字法,理解"蜿蜒"的词义,并引导学生结合旧知,联系生活,学会运用"蜿蜒"。

4. 读课文句子"首先当然是蜿蜒在洞顶的双龙,一条黄龙,一条青龙",引导学生感悟"双龙洞"得名的由来。

四、精读课文,感受"孔隙"特点,学习表达方式

(一)找出课文主要内容,了解作者见闻及感受

1. 课文哪几个自然段是写作者游双龙洞的?(4—7 自然段)

2. 默读,思考：4—7 自然段写了哪些景点,分别给你留下了怎样的印象? 指名答。(板

书：外洞、孔隙、内洞)最令你好奇难忘的是哪儿?(孔隙)

(二)重点感受"孔隙"特点,学习表达方式

1. 指名读,全班学生边听边思考作者是如何写出孔隙特点的。

2. 理解"孔隙"词义,再借助图片揭示孔隙的特点:窄小。(板书)

3. 深入文本,感悟作者是怎样写出孔隙窄小特点的。要求学生用心读第5自然段,边读边画出有关的句子。

课件出示句群1:

虽说是孔隙,可也容得下一只小船进出。怎样小的小船呢? 两个人并排仰卧,刚合适,再没法容第三个人,是这样小的小船。(作者用常见的事物具体写孔隙的窄小)

课件出示句群2:

眼前昏暗了,可是还能感觉左右和上方的山石似乎都在朝我挤压过来。我又感觉要是把头稍微抬起一点儿,准会撞破额角,擦伤鼻子。(作者用自己游览的感觉具体写孔隙的窄小)

创设情境:

假如你就是游客,仰卧小舟,工人拉着绳,帮助你穿孔隙,过水道,你会有怎样的感受?

指导朗读句群:

我怀着好奇的心情独个儿仰卧在小船里,自以为从后脑到肩背,到臀部,到脚跟,没有一处不贴着船底了,才说一声"行了",船就慢慢移动。眼前昏暗了,可是还能感觉左右和上方的山石似乎都在朝我挤压过来。我又感觉要是把头稍微抬起一点儿,准会撞破额角,擦伤鼻子。

师生共同小结写法:

叶老没有直接点明孔隙的窄小,而是用常见的事物和自己游览的感觉,把景物的特点写具体,使人身临其境。

4. 读写互动,迁移运用。

出示几幅图:海洋馆、吊桥……,唤起学生的生活体验,仿照孔隙的写法,写出自己游历的感受。师生交流、反馈。

5. 梳理游记内容,发现构段特点。

找找这个自然段一共有几句话? 从表达方式上,你发现了什么奥秘?(条理清晰,体现了游览过程)

师生交流总结:在过孔隙时,叶老按游览顺序,将见闻、感受生动具体地记录下来,使人身临其境,这就是游记的典范。

五、结课

双龙洞的其他几个景点又是怎么写的呢? 下节课我们接着学习。

六、板书设计

游记	记金华的双龙洞
游程	外洞
见闻	孔隙:窄小
感受	内洞

工作任务3　词语教学的设计及试教

一、词语教学的内容

第一学段："结合上下文和生活实际了解课文中词句的意思,在阅读中积累词语。"

第二学段："能联系上下文,理解词句的意思,体会课文中关键词在表达情意方面的作用;能借助字典、词典和生活积累,理解生词的意义。"

第三学段："能借助词典阅读,理解词语在语言环境中的恰当意义,辨别词语的感情色彩。"

值得注意的是:不管是哪个学段,词语教学都要完成三个任务两个目标。三个任务:(1) 正确读写;(2) 懂得意思;(3) 积累运用。两个目标指词语教学的目标内容有二层:一是理解词义;二是品味词语。词语教学设计要紧扣这两个目标。

二、词语教学的方法和步骤

（一）抓住关键词,突出重点

教学中教师应抓住三类词(画线部分)。

(1) 生字生词。

fáng shào

例:西沙群岛是南海上的一群岛屿, 是我国的海<u>防哨</u>。

(2) 熟字生词。

例:西沙群岛一带海水<u>五光十色</u>:深蓝的、淡青的、绿的、淡绿的、杏黄的,一条条、一块块地交错着。

(3) 熟字熟词。

例1:在这战火纷飞的夜晚,我被这种出自阶级友爱的战友间的关怀激动着,迸出了幸福的<u>骄傲</u>的泪花。

例2:你<u>骄傲</u>得连自己也不认识了。

（二）选择时机,精心安排

词语教学可以安排在讲读课文前、讲读课文中、讲读课文后。

讲读课文前:在学习课文前就必须讲解的词语,其目的是解决阅读中的拦路虎,排除障碍物。这些词语,大部分由生字组成的,或者包含着一两个生字。像这类词语,在识字教学的同时,一并进行词汇教学。如《春天来了》中的"地毯、嫩绿、薄冰、舒展、柔软"就可以由教生字"毯、嫩、薄、舒、柔"连带出来,生字生词结合教学。有些词语,是人名、地名、科技术语、方言词、外来词以及引用的古语词,放在讲读之前扫一下比较适宜。

讲读课文中:在讲读中进行讲解的是与文章的中心思想、主要内容密切相关的词语,即前面讲过的关键词语。教学关键的词语要求讲深讲透。如《少年闰土》第一小节,这一小节讲的是记忆中的闰土,描绘了少年闰土的活泼机智,这里的"深、挂、一轮、金黄、一望无际、碧绿"等描写环境的词语,以及"捏、尽力、刺、一扭"等描写动作的词语,既形象鲜明,又生动活泼。引导学生品味、消化这些词语,对提高学生的语言表达能力是很有帮助的。

讲读课文后:在总结环节上出现词语。课文中带有总结意味的词句,宜在总结课上出现。如《桂林山水》一文"舟行碧波上,人在画中游"一句中的"画中游"三个字,正好把桂林山水的景色概括出来了,也与"桂林山水甲天下"之句首尾呼应,应在总结时让学生理解。有些词语即使在讲读课中已经讲过了,但是它们含义深刻,在总结时还须作进一步讲述。如《鲁班学艺》中的"学三个月的,手艺扎根在眼里;学三年的,手艺扎根在心里",这里的"眼里""心里"是需要透过字面加以理解的。这两个词语有它的特殊含义,讲读分析过了,不等于学生就理解了,总结课上有进一步强调的必要。

教学中词语无论是在讲读前出现,或在讲读中出现,还是在讲读后出现,都是相对而言的。在许多情况下,它们是紧密结合、互为补充的。应根据不同的课文,采取不同的安排。[①]

如课例《富饶的西沙群岛》:

讲读前:山崖、峡谷、珊瑚、龙虾;

讲读中:海防前哨、五光十色、瑰丽、威武、绽开、蠕动、栖息;

讲读后:富饶、风景优美、物产丰富。

(三)因词定法,区别对待

根据词语的特点,采用直观演示、结合课文、联系已知、比较辨析、分析词素法进行教学。

1. 直观演示。

教师利用实物、图书、板画(简笔画)、标本、幻灯、音响、实验、动作演示、观察等手段,使学生对词语的意思有所理解或加深理解。学生对具体事物特别感兴趣,如教学"抛""扛""扔"等词语,教师可分别演示这些动作,学生既有了兴趣,又能较好地理解词义。

2. 结合课文,联系上下文。

这是学生学习词语最基本的方法。词语的教学也不能脱离具体可感的语言环境,应该在课文的阅读过程中进行。对于新接触到的词语,教师应指导学生在反复的来回的阅读过程中,通过联系上下文让学生理解词语的意义和用法。"要逐步培养学生结合上下文加深理解词义的能力",要使学生养成这样一种习惯,每学一个词语都要读读课文中出现该词语的句子,并结合上下文去思考、体会它的意思。

3. 联系已知。

结合生活实际理解。有些词语与我们的生活密切相关,因此借助生活经验理解词语是一种很好的方法。如学习"如饥似渴"一词,可以举例"饿了急着要吃饭,渴了急着要喝水"。

4. 比较辨析。

比较能明确字形,准确地掌握词义、词性、感情色彩等,辨别弄清词义相近词语的细微区别和不同用法,学生更准确恰当地使用词语,培养学生分析理解能力。在小学语文教材中,

---

① 张祖庆.沉入词语的"四度空间"——中高年级词语教学新思维[J].黑龙江教育(小学文选),2007(6)

有些词语虽然含义并不深奥，却用得准确、传神。教学这类词，教师可指导学生运用比较、琢磨的方法增强语感，领会词义。例如《我的战友邱少云》中"烈火在他身上烧了半个多钟头才渐渐熄灭"一句，其中的"才"是表示战友焦急、痛苦的心情，而"从发起冲锋到战斗结束才20分钟"一句中的"才"则是表示时间短。教学时，教师可指导学生通过对比琢磨加以理解，从而知道作者因心境不同，运用相同的词所表达的感情色彩也不相同。这样，可使学生的认知水平从对词义的理解升华到对句子的理解、对中心的把握上来。比较法理解词义，是小学语文词语教学中一种常用的方法，学生比较容易掌握。

又如教学《乌鸦喝水》中的形近易混生字"喝"和"渴"，教师可引导学生想一想：为什么"喝水"的"喝"是口字旁，而"口渴"的"渴"却是三点水？这样既使学生易于理解词义，更重要的是易于记住字形。汉语中有大量的形声字，而且有大量的形近字，运用联系比较的方法能有效地理解词义，分清字形。

5. 组词法。

例如人教版二年级《草》中有句"离离原上草"中的"原"就可以引导学生进行组词：原因、原来、高原、草原、原子弹、原始人……老师一一把词语写在黑板上，然后引导：小朋友想一想，"离离原上草"的"原"指的是黑板上的哪一个词语？学生一比较就知道"原"就是指草原，"原上草"就是"草原上的草"。这种解词的方法既符合课程标准的要求，又符合低年级儿童的学习特点，是引导学生"自悟"的教学方法。

6. 换词理解法。

换词不但能联系旧的知识，启迪新的知识，还可以学到作者运用语言的独到功夫。例如《美丽的小兴安岭》中"落叶在林间飞舞"一句的"飞舞"，教学时，教师可指导学生进行换词训练。学生把"飞舞"换成"飘落"，然后通过比较，并联系上下文深究词义，知道"飞舞"的落叶除了有"飘落"的意思外，还有忽上忽下、忽左忽右、飘飘悠悠的姿态，从中体会作者用"飞舞"的特别含义；知道有些词既有近义的特点，更有程度深浅之分。通过这种换词练习，可以让学生感受到作者准确用词的高明之处和独特的写作技巧，体会到文章显得生动、具有美感的原因所在。

（四）由例及类，教给方法

词语教学在教学中要教给小学生归纳并掌握理解词语的方法，即查字典、直观演示、分解词素、放在语言环境中体会、联系学生生活经验和知识积累体会、同义词、反义词比较辨析、形象描绘或讲解、换词，让小学生掌握方法，能在以后的学习中灵活运用。

（五）多法并用，指导积累

教学中，要善于凭借语境积累；归类法积累；组词的方法积累；用竞赛的方法积累等帮助学生积累词语。

（六）联系实际，加强运用

词语教学的最终目的是会用，所以要加强运用训练。例如："扫兴、垂头丧气、胸有成竹、转败为胜、目瞪口呆"等要让学生在生活中运用。

三、案例研习

《荷花》:"冒"字的教学

文中原句:"白荷花在这些大圆盘之间冒出来。"

1. 谈体会:你觉得哪个字用得好? 为什么好?

2. 换词理解"冒":"冒"还可以换成什么字?

3. 自己用心读读前后几句话,体会体会,你觉得怎样长出来才可以叫作冒出来?

4. 表演体会"冒":荷花是怎样冒出水面的? 谁能来表演一下。

5. 激发想象:这些白荷花冒出来以后,它们想干些什么呢?(学生观赏课件后进行想象写话,然后全班交流)

6. 师小结:多么可爱的白荷花呀! 大家看,一个"冒"字,不但把白荷花写活了,而且使白荷花变得更美了。正像同学们所讲的那样,这是一种喜气洋洋的美! 生机勃勃的美! 让我们一起,像白荷花一样地冒出来! 快冒! 快冒!(学生起立诵读第3段)

【评析】你看,教师紧紧抓住这一个"冒"字,一连问了五个很有层次性的问题,且每次提问与读这个句子有机穿插起来,我们很明显可以感到,学生脑海中的"冒"是有着很形象的生活画面的,是很丰满的,有内容的。而且,理解了一个词,荷花那不同一般的、丰满的美的形态就形象地展现在了学生面前。这就是把握了全文的精神所在,这就是能牵一发而动全身,就能使景语背后的情味跃然纸上,就能广化、深化、美化、敏化学生的语感。我想,这应该是我们语文老师追求的一种境界。

四、实战演练

试教:

1.《我要的是葫芦》中的"葫芦"。

2.《我的伯父鲁迅先生》中的"囫囵吞枣"。

▌工作任务4　句子教学的设计及试教

一、句子教学的任务和要求

句子教学的目的任务:理解句意,认识句型,理清句序。各学段有不同的具体要求如下。

对低年级学生,要帮助他们建立句子的概念,使他们懂得话是一句一句说的,句子是表达完整意思的。逐步培养把句子读完整、说完整、写完整的良好习惯。认识简单的句型,能够结合课文和生活实际理解句子的意思。

中年级学生,要知道一段话是由几句组成的,明确句与句之间的关系。学习理解含义较深刻、结构较复杂的句子,能找出课文的重点句。

高年级学生,要能联系上下文理解句子的含义、体会感情色彩。能联系课文内容理解文中对表达中心思想有较大作用的句子。还要对句中的修辞方法有一定了解。同时,通过比较句子、扩句、缩句、调整句序等练习,培养其理解连贯性的语言和欣赏优美词句的能力。

各年级的教学,都要指导学生积累优美语句。

二、教学中需重点指导学习的句子

1. 含义深刻的句子。

例:至于看桃花的名所,是龙华,也是屠场,我有好几个青年朋友就死在那里,所以我是不去的。(节选自《给颜黎民的信》)

2. 对中心思想有密切关系的句子、对于表现主题思想有较大作用的句子。

例:父亲接下去说:"所以你们要像花生,它虽然不好看,可是很有用,不是外表好看而没有实用的东西。"

我说:"那么,人要做有用的人,不要做只讲体面而对别人没有好处的人!"(节选自《落花生》)

这两句话正是课文的中心思想所在,是作者许地山的写作意图。类似这种能突出文章中心思想或对人物的思想品格有突出作用的句子,就要着力指导学生去理解,让学生真正弄懂。

例:只有自己种,才有吃不完的菜。(节选自《小白兔和小灰兔》)

对狼讲仁慈,你真是太糊涂了,应该记住这个教训。(节选自《东郭先生和狼》)

3. 内容和结构都比较复杂的长句。

例:只见海港两岸,钢铁巨人一般的装卸吊车有如密林,数不尽的巨臂上下挥动;飘着各色旗帜的海轮有如卫队,密密层层地排列在码头两边。(节选自《大海的歌》)

4. 生动形象的句子。

这类句子常常是用词准确贴切,表达细致生动,一般都运用各种修辞手法,具有强烈的艺术感染力。

例:那翠绿的颜色明亮地照耀着我们的眼睛,似乎每一片树叶上都有一个新的生命在颤动。(节选自《鸟的天堂》)

微风吹拂着千万条才舒展开黄绿眉眼的柔柳。(节选自《燕子》)

这类句子,描写生动形象,感情浓烈,要引导学生有感情地朗读,在读中理解意思,再现作者描述的意境。

5. 在文章结构上有特殊作用的句子。

如《赵州桥》这篇课文第三段的首句:

这座桥不但坚固,而且美观。

学生只要读懂这个递进复句,就会明白:上段写赵州桥坚固,这段要进一步讲赵州桥另一个特点——美观。进而懂得,这个句子起着承上启下的作用。

如《海底世界》中的末句:

海底真是个景色奇异、物产丰富的世界。

再如《颐和园》一课首句：

北京的颐和园是个美丽的大公园。

这两句都分别概括了全文的内容，是文章的中心句。此类句子就应作为课文的重点句。

6. 距离学生的生活较远，难以理解的句子。

例：就像只用绿色渲染，不用墨线勾勒的中国画那样。（节选自《草原》）

三、教学中指导学生理解句意的方法

1. 从抓关键词语入手。

学习中，需要锻炼学生抓关键词语的能力。怎样来确定关键词语呢？一般来讲，我们读书的时候，会有一些词语引起我们的注意和思考：作者用这个词语在强调什么呢？关键词语一般是要强调地表达某些意思，会把文中的某些内容给联系起来，会把事物的重要特性给揭示出来，这样的词语就是关键词语。关键词语的教学，要经历"读懂表面意思、读懂在课文中强调的意思"两个层面的理解。在阅读理解内容和情感时，要作为重点，结合读懂句子的意思来进行。除了一些实词外，一些虚词，一些关联词语，也会成为关键词语。当然，虚词作为关键词语的时候，需要结合句子来进行。在小学，没有必要讲虚词的知识，只需要明白"用上了这些词语，作者强调了怎样的意思，能够通过朗读，表达出强调了的意思和语气"。

例如，《草虫的村落》文中的一句："甲虫音乐家们全神贯注地振着翅膀，优美的音韵，像灵泉一般流了出来。此时，我觉得它们的音乐优于人间的一切音乐，这是只有虫子们才能演奏出来的！"对于这样的句子，同学们可以借助"灵泉""音韵""只有……才"这几个关键词来理解。作者把甲虫振着翅膀的声音比喻成"灵泉""音韵"。他觉得甲虫的叫声仿佛是从山涧流出来的美妙的泉水声，这声音像一首曲子，既动听又有自己的韵味，从关联词"只有……才"体会到作者有着非常独特的感受。因此，词语的理解，尤其是对于关键词语的理解，往往是理解一个句子的"金钥匙"。

2. 联系上下文理解句子。

联系上下文是理解句子含义最常用的一种方法。联系上下文理解句子，就是把句子在上文、下文中意思有关联的句子还有课文的内容结合在一起思考，从而体会到句子的意思。例如在五年级上册《中彩那天》一文中，课文一开始就有这样一句话："一个人只要活得诚实，有信用，就等于拥有了一大笔财富。"同学们初读这句话，可能有些似懂非懂，即便心里明白，也难以表达。要理解这个含义深刻的句子，就必须联系下文：因为父亲的诚实、信用而失去了什么，却换来了什么？一个紧扣文章主题的句子就如此迎刃而解，化难为易了。像这样的句子就对全文的内容有了画龙点睛的作用，同学们理解了这个句子，就对理解文章的中心思想有了很大帮助。

3. 联系生活实际理解句意。

课文中一些句子已经比较深奥，如果光去钻字眼很难把握句子的准确含义，即便能"挤"出来一点，也让句子的含义显得空洞而苍白。所以，同学们可以根据自己的认知规律，理解句子可以由浅入深，层层剥茧。如《永生的眼睛》中还有这样一句父亲的话："一个人所能给予他人最珍贵的东西,莫过于自己身体的一部分。很久以前,你妈妈和我就认为,如果我们死亡的身体能有助于他人恢复健康,我们的死就是有意义的。"句中所描述的,同学们可能并没有亲身经历,更没有在身边见过,或许听说过一些,但也无法真正理解这种做法。那么,这类句子我们该怎么理解呢?同学们不妨联系自己的生活实际来想:我们每个人也许都帮助过别人,但这种帮助或许只是一份安慰、一份财物、一份搀扶等,但对自己的身体却是毫发未伤啊!如果要拿出你身体的一部分去挽救、延续别人的生命,你愿意吗?此时同学们的内心一定会荡起一层层涟漪,产生一种激烈的思想矛盾和斗争。在这种矛盾与斗争的过程中,父亲的说法和做法就会在大家的内心得到内化。同学们也就能从内心深处理解这个句子的含义,认识和感受到父亲的无私和伟大。

4. 联系时代背景理解。

例如人教版六年级上册《我的伯父鲁迅先生》文中的一句:"你想,四周黑洞洞的,还不容易碰壁吗?"这句话同学们可以联系当时的时代背景来理解:因为当时社会非常黑暗,民众根本没有言论自由,而鲁迅为了唤起民众觉悟,揭露国民党反动派的丑恶嘴脸,写出了一篇篇犹如匕首的杂文,引起反动派的极度恐慌。句中"四周黑洞洞的"比喻当时社会黑暗,看不到一点儿光明,人民连一点儿民主和自由都没有;"碰壁"是与反动势力作斗争时受到的挫折与迫害。同学们也可以从这谈笑似的话语中,体会到鲁迅先生不怕挫折、不惧迫害的顽强斗争精神和革命的乐观主义态度。

5. 抓主干理解句子。

例:只见海港两岸,钢铁巨人一般的装卸吊车有如密林,数不尽的巨臂上下挥动;飘着各色旗帜的海轮有如卫队,密密层层地排列在码头两边。(节选自《大海的歌》)

(什么样的)吊车(怎么样),(什么样的)海轮(怎么样)。

例:微风吹拂着千万条才舒展开黄绿眉眼的柔柳。(节选自《燕子》)

"风吹拂着柳"。(通过逐步添加成分,引导学生了解这一长句的含义。)

① 怎样的风,怎样的柳,在前面加上一个字。"微风吹拂着柔柳。"就比原来美多了。不过课文中写的比这还要美,它写出了柔柳的色彩、姿态、数量,非常生动形象。

② 微风吹拂着什么样的柔柳?("微风吹拂着千万条才舒展开黄绿眉眼的柔柳。")什么颜色的眉眼?"黄绿"的色彩,使我们感到柔柳是那样的青嫩。这样写给我们什么样的感觉?(这里运用了拟人的手法,柔柳也有眉有眼,而且好像是才睡醒了一般,舒展开眉眼,这样一写就把柔柳写活了。)不是一条、两条,而是千万条,真是美极了。(板画:柔柳)

6. 注意修辞手法,先弄清句子意思,再理解句子内在含义。

例:为了整个班,为了整个潜伏部队,为了这次战斗的胜利,邱少云像千斤巨石一般,趴在火堆里一动也不动。(节选自《我的战友邱少云》)

这个句子中运用了两种修辞手法——排比、比喻。排比部分说明了邱少云不动的原因,比喻部分说明了邱少云意志坚强。整个句子"表现了邱少云为了整个班、整个潜伏部队和这次战斗的胜利严于律己、勇于献身的精神"。

7. 直观演示理解句子。

不少句子内容是课文插图上有的,那就充分利用图画去理解。如《捞铁牛》一课中怀丙和尚指挥捞铁牛的句子,学生通过读还不能明白到底是怎么个做法,但只要仔细地看看插图,再去读句子,意思也就明白了,教师也应该想方设法为学生提供图片、幻灯、投影等直观教具帮助学生突破理解中的重点、难点,化难为易。

例:我有机会看清它的真面目,真是一株大树,枝干的数目不可计数。枝上又生根,有许多根直垂到地上,伸进泥土里。一部分树枝垂到水面,从远处看,就像一株大树卧在水面上。(节选自《鸟的天堂》)

教学这个句子可以采用作图法或图片展示法让学生一目了然地体会句子的意思。

有的句子中有一个或几个连续动作的,老师可以边读句子边做动作帮助理解。如《又是你第一个到》课文中这一句:"这位读者掸了掸衣服上的雪……"在读时,教师只要加一个动作演示一下,学生就明白了这句话的意思。三年级课文中这样的句子较多,教师应让学生多动动手演示演示,句子的意思也就知道了。如《瑞雪》中的最后一句话:"孩子们在雪地里堆雪人,掷雪球,奔跑着,追逐着,清脆的笑声传遍了山村。"可以让学生动起手来,把这句话演示出来,不仅使学生理解了这句话的意思,而且让他们更真切地体会到了大雪给孩子们带来的快乐。

8. 句型转换法。

语文的魅力就是可以用不同的方式来表达同样的意思,教师在平时的教学中可以训练学生句型转换的能力,比如在课堂教学中将疑问句转换成陈述句来帮助学生理解。例如在学习《小稻秧脱险记》中"我刚搬到大田来,正需要营养,怎么可以交给你们呢?"就可以转换成"我刚搬到大田来,正需要营养,我不能交给你们。"让学生在理解意思的同时分辨出两种句型所蕴含的不同语气,感悟哪种句型表达情感更加强烈。

9. 引导学生展开想象来理解。

课文中有些句子,如写景写场面的,一般可以通过想象,联系生活中、电影电视中看到过的情景去理解。如《新型电影》中的一句:"翠绿色的树叶相互交错着,金色的阳光透过这绿叶的空隙洒落在自己的身上。"只要引导学生想象一下生活中的情节,就会产生一种身临其境的感觉,句子的理解当然不成问题了。学生们还可联想到电影、电视中的类似镜头,脑海里马上绘制出一幅美妙的图画来,从而自然地进入句子所示的意境中去。

四、案例研习

片段一:窦桂梅执教《珍珠鸟》

师:(出示画面)快看,它钻出了笼子。你看到了吗?看到了吗?

生:看到了!"雏儿,更小哟,正是这个小家伙!"(老师指导学生朗读)

师:至此,课文称珍珠鸟为"小家伙"。让我们再找出几句读读。

(学生找出:"起先,这小家伙只在笼子四周活动,随后就在屋里飞来飞去""我不动声色地写……""……这小家伙竟趴在我的肩头睡着了"等句子,读得很小心)

师：把"小家伙"换成"珍珠鸟"，再读读，看看有什么不同？

生：（读了一句）用"珍珠鸟"可没有用"小家伙"这样生动，没味道。

师：这是对人的称呼，不是珍珠鸟吗？为什么称为"小家伙"？

生：一定是特喜欢的，比自己小的人，一般称"小家伙"，表示心里特别喜爱。

（连续有三五个学生发表自己的看法）

师："我"不仅给它们的笼子装扮成家的模样，还要对这珍珠鸟"客客气气"的，当作家里的小孩子、小朋友，小宝贝。真好！

片段二：《晏子使楚》

师：但，不管怎么样，最后的结果呢？

生：楚王不敢不尊重晏子了。（让学生再齐读课文的最后这句话，并板书）

师：尊重的意思就是——（生依次说出"敬重""佩服"之意）

师：那"不尊重"呢？

生：尊重。（同学们啊了一声，该生一下子明白了）是瞧不起的意思。

生：侮辱，蔑视。

师："不敢不尊重"呢？

生：尊重晏子了。

师：那就直接写了呗，为什么还要用上"不敢不"。

生：不能不尊重。（教师让学生把"不能不"送进句子中变成"楚王不能不尊重晏子了"）

生：楚王只好尊重晏子了。

生：楚王必须尊重晏子了。

提别提醒：运用各种方法理解词义、句意要注意学生的年龄特点，教师要根据句子的不同情况用不同的方法指导学生理解，有时要综合运用几种方法解词析句。

五、实战演练

1. 讨论一：

你准备如何指导学生理解下列句子的意思？

小兴安岭一年四季景色诱人，是一座美丽的大花园，也是一座巨大的宝库。（节选自《美丽的小兴安岭》）

白求恩大夫在手术台旁，连续工作了69个小时。（节选自《手术台就是阵地》）

四周围黑洞洞的，还不容易碰壁吗？（节选自《我的伯父鲁迅先生》）

2. 讨论二：

你准备如何指导学生理解下列句子的意思？

一位满头银发的老奶奶，双手拄着拐杖，背靠着一棵洋槐树，焦急而又耐心地等待着。（节选自《十里长街送总理》）

这时候（秋天），森林向人们献出了酸甜可口的山葡萄，又香又脆的榛子，鲜嫩的蘑菇和木耳，还有人参等名贵药材。（节选自《美丽的小兴安岭》）

原来河水既不像老牛说的那样浅,也不像松鼠说的那样深。(节选自《小马过河》)

3.词句教学设计小训练:

漓江的水真静啊,静得让你感觉不到它在流动;漓江的水真清啊,清得可以看见江底的沙石;漓江的水真绿啊,绿得仿佛那是一块无瑕的翡翠。(节选自《桂林山水》)

工作任务5　段篇教学的设计及试教

段篇教学的主要内容:认识自然段,理解自然段的主要意思,了解自然段之间的关系,能给课文分段,归纳段落大意,理清课文的叙述顺序,概括课文的主要内容和中心思想。

段篇教学的步骤和方法如下。

(一)引导学生理清文章思路

具体方法步骤如下:

1.给课文分段。

分段的方法:

(1)归并自然段。

(2)先找出中心段,再分段。

(3)从文章的整体入手划分段落。

案例:

《草船借箭》教学片段

师:我们已经搞清楚了事情的前因后果,也知道了借箭的经过,1、3、4段的段意就比较清楚了。最困难的是第2段,我们着重来讨论一下。大家先回忆第2段讲了哪些内容,然后想一想段意该怎么概括。

生:第2段讲的是周瑜刁难诸葛亮,不给诸葛亮准备造箭的材料,还派鲁肃到诸葛亮那儿去打听,看诸葛亮怎么打算。

生:第2段讲的是诸葛亮请鲁肃帮忙,做好造箭的准备。

师:两个人说的不完全一致,××侧重于周瑜,××侧重于诸葛亮。是吗?

生:我认为应该把周瑜和诸葛亮两方面都概括进去。

师:那你看该怎么说呢?

生:周瑜让鲁肃去诸葛亮那儿探听,诸葛亮请鲁肃帮助做好造箭的准备。

师:他把两人的意思综合在一起了,这样的概括比较好。

生:这段既写了周瑜,也写了诸葛亮,两方面都要概括进去,不能只讲一面。

生:我认为概括段意还要注意上下文的联系。第1段写的是周瑜刁难诸葛亮,我们在概括第2段时就要注意交代清楚周瑜怎样继续刁难诸葛亮。第3段写的是诸葛亮草船借箭,我们在概括第2段时也要交代清楚诸葛亮为草船借箭做了哪些准备工作。

师:对!我们在概括段意的时候,一方面要抓住本段的主要内容,同时要注意联系上下文,这样就把段与段之间的意思连接起来了。谁能再把第 2 段的段意完整地概括一下?

生:周瑜不给造箭材料还让鲁肃到诸葛亮那儿去探听,诸葛亮请鲁肃帮助做好了造箭的准备。

2. 指导学生概括段意。

(1) 概括段意的方法。

① 摘句概括法:

<u>西沙群岛一带海水五光十色,瑰丽无比</u>:有深蓝的,淡青的,浅绿的,杏黄的。一块块,一条条,相互交错着。因为海底高低不平,有山崖,有峡谷,海水有深有浅,从海面看,色彩就不同了。(节选自《富饶的西沙群岛》)

② 过渡句概括法:

赵州桥非常雄伟。桥长五十多米,有九米多宽,中间行车马,两旁走人。这么长的桥,全部用石头砌成,下面没有桥墩,只有一个拱形的大桥洞,横跨在三十七米多宽的河面上。大桥洞顶上的左右两边,还各有两个拱形的小桥洞。平时,河水从大桥洞流过,发大水的时候,河水还可以从四个小桥洞流过。这种设计,在建桥史上是一个创举,既减轻了流水对桥身的冲击力,使桥不容易被大水冲毁,又减轻了桥身的重量,节省了石料。

<u>这座桥不但坚固,而且美观</u>。桥面两侧有石栏,栏板上雕刻着精美的图案:有的刻着两条相互缠绕的龙,嘴里吐出美丽的水花;有的刻着两条飞龙,前爪相互抵着,各自回首遥望;还有的刻着双龙戏珠。所有的龙似乎都在游动,真像活了一样。(节选自《赵州桥》)

③ 合并概括法——句意串联:

蓝天下面,满眼绿色,一直铺向远方。平原上、山岭上、深谷里,覆盖着青青的野草,最深的地方可以没过十来岁的孩子,能让他们在里面捉迷藏。高低不平的草滩上,嵌着一汪汪清亮的湖水,水面映出太阳的七彩光芒,就像神话故事里的宝镜一样。草丛中开满了各种各样的野花。鲜红的山丹丹花,粉红的牵牛花,宝石蓝的铃铛花,散发着阵阵清香。(节选自《锡林格勒大草原》)

段意概括:介绍大草原的辽阔、美丽。

④ 合并概括法——关键词合并:

我看见过波澜壮阔的大海,玩赏过水平如镜的西湖,却从没看见过漓江这样的水。漓江的水真静啊,静得让你感觉不到它在流动;漓江的水真清啊,清得可以看见江底的沙石;漓江的水真绿啊,绿得仿佛那是一块无瑕的翡翠。船桨激起的微波扩散出一道道水纹,才让你感觉到船在前进,岸在后移。(节选自《桂林山水》)

段意概括:漓江的水静、清、绿。

(2) 归纳段意的要求:① 能反映段的主要内容;② 用语简单明确;③ 各段段意连起来能反映文章的主要内容。

例如,《珍贵的教科书》各段概括:无书—想书—取书—护书—刻苦读书。

（二）引导学生把握课文的主要内容

1. 课题扩充。

题目是文章的眼睛,透过题目往往能捕捉到很多课文信息。不少课文的题目,就是文章内容的高度概括。归纳这类文章的主要内容,可以借助课题。例如,《十里长街送总理》这篇课文,从题目中可以把握文章的主要内容是:首都人民在十里长街迎送总理灵车的感人场面。

2. 归并段落大意。

一篇文章由几个段落组成,可以用合并段落大意的方法概括文章主要内容。先理清文章脉络,写出每大段的意思,再根据文章内容分清主次。如果都是主要的,就把段意合并起来;如果有的主要,有的次要,则需要抓住主要的,舍掉次要的。合并时,要对各段的大意做适当的修改,删除重复的内容,综合相同的内容。

例如,《只有一个地球》这篇课文共写了五方面内容:(1)从地球在整个宇宙的位置看,地球是十分渺小的;(2)人类活动的范围很小很小;(3)地球的资源是有限的,而又遭到无节制的开采和随意的毁坏,面临资源枯竭的危险;(4)人类没有第二个星球可供居住;(5)人类的选择只有一个,那就是精心保护地球、保护地球的生态环境。把各段段意综合起来,概括出课文的主要内容是:作者从人类生存的角度介绍了地球的有关知识,阐明了人类的生存空间"只有一个地球"的道理,说明了保护地球、保护生态环境的意义。

3. 提问题,串联整合答案。

作者写一篇文章,往往是围绕一个中心,抓住几个问题,按一定的顺序来写的。如果能在阅读中,依据文章的顺序,提出相应的问题,或抓课后问题,就可以按问题概括出课文的主要内容了。

例如,学习《鲁滨孙漂流记》一课时,让学生阅读,然后设计以下问题:课文讲的是谁的什么事? 鲁滨孙漂流的原因是什么? 漂流了多少年? 他是怎样生存下来的? 认真思考然后回答,就能归纳出文章的主要内容:鲁滨孙因乘船遭遇暴风失事,漂流到荒岛,一个人在荒无人烟的小岛上战胜了种种困难,生活了二十多年。

又如,教学苏教版五年级上册《嫦娥奔月》一课,可设问:"嫦娥是谁?""她为什么奔月?""她是怎么奔月的?""结果怎样?"将这几个问题的答案串联整合,就是文章的主要内容了。

注意:防止提出的问题过于简单、繁琐。

4. 抓重点语句。

有的文章结构上有总起句、总结句、过渡句,或内容上有中心句,这些句子往往提示了全文的主要内容。摘录这些概括性的语句,稍加改动,就可以成为全文大意。如老舍笔下的《猫》,既写了大猫,又写了满月的小猫。在概括课文大意时,必须把文中两个中心句串联起来:猫的性格很古怪,而满月的小猫更可爱。

5. 抓住要素。

写人、写事的文章通常都有时间、地点、人物、事件起因、经过、结果六大基本要素,抓住这些要素就已经提取了一些关键词。因此,概括这些文章的主要内容时,只要把这几个要素弄清了,用词语串联起来,就是这篇文章的主要内容,这就是"要素串联法",如苏教版五年级上册《天火之谜》一课,时间是18世纪,地点是美国,人物是富兰克林,事件是"风筝实验"。只要将这几点加以整合,便可概括出课文主要内容。

（三）指导学生了解课文中心思想。

1. 把握中心思想的方法。

（1）抓课题。

有些文章的题目,标题就十分明确地揭示了文章的中心思想。如《我爱故乡的杨梅》《伟大的友谊》标题点明了中心。可以考虑用扩句的方法,在题目的基础上,加上适当的词语,扩展成意思完整的句子,就是文章的中心思想。当然,用这种方法概括中心思想,还要先认真阅读文章的主要内容,然后再仔细考虑题目与中心思想的内在联系。

（2）抓重点（词、句或段）。

在阅读和分析文章时,找出文章中心句（词、句或段）,对概括中心思想有很大的帮助。

有的文章在开头和结尾点明中心思想。如《桂林山水》一课,开头就点明了"桂林山水甲天下"这一中心。《一夜的工作》一文结尾一句"他是多么劳苦,多么简朴!"点明了中心思想。有的中心句在文章的中间,有的中心句在文章中反复出现几次。

从表达方法上看,记叙文的中心句又往往在文章的抒情或议论部分。如《少年闰土》一课,"啊!闰土的心里有无穷无尽的希奇事,都是我往常的朋友所不知道的。他们不知道一些事,闰土在海边时,他们都和我一样只看见高墙上的四角天空。"这段议论的句子含蓄地点出了文章的中心思想。

当然,找到了中心句后,还必须仔细分析。它是否完整地概括了中心思想。一般情况下,还需要对中心句进行适当的加工、修改,才能准确、完整地概括出文章的中心思想。

（3）分析课文主要内容。

有的文章中心思想往往不是一目了然的。这就要求首先要认真阅读文章,在阅读的基础上,正确理解和掌握文章的主要内容,然后再进一步推敲,领会作者的写作意图,用自己的语言概括出文章的中心思想。如《卖火柴的小女孩》一文,讲了一个卖火柴的小女孩在大半夜冻死在街头的故事,通篇写了小女孩悲惨的遭遇。同学们读后会产生对小女孩深切的同情,在此基础上,理解到作者写作的目的是为了揭露资本主义社会的罪恶,中心思想也就十分明确了。

（4）分析主要情节。

文章的主要情节就是文章的重点段落,而中心思想往往体现在主要情节中。因此,运用这种方法首先要找出主要情节,然后再抓住其中的重点语句,领会文章的中心思想。

（5）分析主要人物。

因为文章中主要人物身上所表现出的思想品质和精神面貌往往就是文章中心思想的体现,因此,在分析主要人物时必须注意文中对人物的外貌、语言、性格和品质特征的描写,特别是要注意文章对人物的思想品质特点的刻画。只有把文章内容与人物分析结合起来考虑才能把握住中心思想。例如,《登山》一文就能从列宁的语言描写"我们应该每时每刻处处锻炼自己的意志"一句中找出文章的中心所在。

2.把握课文中心的注意点。

(1)要以准确理解课文的思想内容为基础。

(2)不能满足于得到一个正确的结论,而要着眼于切实提高学生的理解能力和思维能力。

(四)指导学生体会课文思想感情

方法一:抓住感悟议论和抒情的部分。

有些文章在记叙中掺杂着议论和抒情,这些议论和抒情的句子往往就反映作者写作的目的。阅读时要重点体会和感悟这些句子,从中分析文章表达的情感。

例如,在《珍珠泉》一文中,作者在描述珍珠泉的景色时,发出这样的感叹:"这就是美丽的珍珠泉,这就是我们村的珍珠泉!"这时我们就能感受到作者不仅仅是在赞叹珍珠泉的美丽,更因美丽的珍珠泉在"我们村"而骄傲。那么,我们就不难体会出这篇课文作者要表达的就是对故乡的热爱之情。

方法二:抓住文章题目。

有些文章的题目揭示了文章的主题,通过分析题目,再结合文章的内容,我们就能够体会出文章表达的思想感情。

例如:《我爱故乡的杨梅》题目中的"爱"和"故乡"这两个词,可以让我们知道作者喜欢的杨梅是有区域性的。作者之所以喜欢杨梅是因为它来源于故乡,所以这篇文章表达的就是作者热爱故乡的思想感情。抓住题目中的关键字,也是一种体会文章表达的思想感情的简洁方法。

方法三:抓住中心句。

在一篇文章中,有的句子能直接反映作者的写作目的,成为"中心句"。

文章的中心句有的在开头,有的在结尾,有的在中间,还有的在文章中反复出现。阅读时找到中心句,就能直接得出作者要表达的思想感情。

例如,人教版三年级上册《美丽的小兴安岭》一文,文末这样写:"小兴安岭一年四季景色诱人,是一座美丽的大花园,也是一座巨大的宝库。"这句话是全文的中心句,总括了小兴安岭一年四季美丽、富饶的特点,也由此道出了作者所要表达的思想感情,那就是对祖国山河无比热爱的思想感情。

方法四:分析人物的语言、动作、心理。

一些写人记事的文章常常通过对人物的语言、行动、心理等方面的描写,来表达某种情感,实现作者的写作目的。因此,我们在阅读文章时只要注意抓住描写人物语言、动作、心理的细节描写,仔细分析,文章表达的思想感情就自然呈现了。

例如,《一片美丽的红枫叶》中青蛙在捡起枫叶时为什么轻轻地说对不起? 为什么轻轻地放下? 小蜥蜴在知道小青蛙很喜欢那片枫叶之后会想些什么? 我们通过分析知道,红枫叶之所以美丽是因为它承载着让人感动的友情,从而知道这篇文章作者是在赞美友情。

方法五：从标点符号中去体会文章的思想感情。

文章中的感叹号、省略号、问号要特别留心，它们往往有深刻的含义。《凡卡》中的最后自然段："过了一个钟头，他怀着甜蜜的希望睡熟了。他在梦里看见一铺暖炕，炕上坐着他的爷爷，搭拉着两条腿，正在念他的信……泥鳅在炕边走来走去，摇着尾巴……"从中可以看出，凡卡渴望的美好无限与他的学徒生活形成鲜明的对比，更加突出了凡卡生活的艰难和命运的悲惨。

方法六：概括一些文体在表达作者思想感情时的语言形式。

写人的文章我们一般用作者赞美了一种怎样的品质，歌颂了一种怎样的精神来表述的。写事的文章我们一般用阐述了一个怎样的道理来表述。写景状物的文章我们一般用表达了作者怎么样的感情，抒发了作者对什么的热爱之情来表述。在寓言、童话中我们一般用作者要告诉我们一个什么样的道理来表述。

在教学中，还要善于利用以下方法指导学生体会文章的思想感情。

1. 了解背景法。

为加深学生对课文内容的理解，学生需要立足于作者的情感角度、时代特点进行文章内容的分析，在多维度信息资源的整合利用中实现对课文全面、准确的把握。对背景材料的正确使用，需要从内容、时机、形式三个角度进行调整，在内容上教师需要立足于课程特点与学生的理解程度提炼出有价值意义的关键信息；在时机上，教师需要选择恰当的机会，引导学生进行及时的回顾、理解；在形式上，教师可以采用自己对背景资料的解释形式，也可以采用学生自主收集信息、独立了解文章背景资料的形式。在这一过程中，教师需要正确引导学生科学合理地运用背景资料在小学语文课程学习中的指导意义。

2. 设身处地，身临其境法。

阅读时，要把心放到文章中去，想象自己仿佛身临其境，设身处地地去读、去想，特别是抓住重点的词语、句子、段落，多读，多想。这样，你才能体会到文章的思想感情，与作者在情感上产生共鸣。例如，《梅花魂》是新加坡华侨心扉的吐露，与学生时空距离较远，体会作者思想感情有一定的难度。所以，在教学前，教师可以给学生播放《开国大典》和侨胞海外生活的影视片段，教师也可以介绍相关的时代背景资料，创设情境，缩短文本与学生间的时空差距，便于学生深化情感体验。又如，要感受《荔枝》中母亲对儿孙深厚的爱，可以启发学生回顾父母长辈对自己爱的具体事例和自己当时的感受，设身处地体会课文中母亲的情感后，又进一步唤起学生尊敬父母的孝心。再如，体会《开国大典》升起第一面五星红旗时的思想感情，可以让学生说一说每周一升国旗或观看天安门升旗仪式影视的感受，设身处地去读第8自然段，去想、去感悟当时在场的人溢于言表的激动、自豪之情。

3. 联系实际，产生共鸣法。

引导学生将课文内涵深刻的语句与现实生活紧密相连，在对课文内涵的创新性解答中加深文章内容的时代性色彩，也有利于学生语文学习效率的改善。例如，在解读"谁都有生活的权利，谁都可以创造一个属于自己的缤纷世界"这句话时，要引导学生在立足于课文内容的基础上，联系个人的现实生活谈谈对这句话的理解，帮助学生了解课文与现实生活间的内在联系,在正确思想观念的学习中指导个人的现实生活。

4. 换位思考法。

阅读教学需要"情"的参与,如《十二次微笑》教学中设计了"如果你是这位空姐会怎么做""如果你是这位乘客,听到这么真诚的话语,你会怎么想"一系列问题,学生与空姐的换位思考充分调动起孩子内在的真实想法,由此情感才真挚,学习才投入,唤起学生内心的真实感动。

5. 感情朗读,加深体会法。

朗读是体会文章情感的有效手段。它不仅能以特有的声与情表达人的内心感受,还具有传情动人的功效。这也是理解课文内容、体会思想感情的主要方法。如《桂花雨》这一课时,先范读了课文中有关"桂花香"的段落,声情并茂的朗读配上优美的音乐,让人感觉仿佛沐浴在一场香香的桂花雨中。在这种感情渲染之下,引导学生结合淋雨的生活经验,边想象边喊:"啊! 真像下雨! 好香的雨呀!"体验喊时的心情,然后带着这种感悟和体验再次进入文字,入情入境地读,想象着读,读出作者童年那份快乐,那份思乡的情感。还可以通过比较,评价学生的朗读来正确体会文章要表达的思想感情。对一篇文章的思想感情,各人的体会不会完全相同,朗读的方法也不尽相同,只要是合理合情的就不应予以否定。总之,阅读的时候,把心放到文章中去,设身处地去读,去想,通过有感情地朗读,能把我们体会到的思想感情表达出来,同时又能加深对文章思想感情的体会。

工作任务6　朗读教学的设计及试教

新课程提倡让朗朗书声走进课堂。朗读教学有利于帮助小学生对课文加深理解、积累语言、陶冶情感,《小学语文课程标准》明确指出了不同学段的朗读教学要求。

一、朗读教学的设计方法

感情朗读是朗读的最高追求。"感情"在《现代汉语词典》中的解释为:"对外界刺激的比较强烈的心理反应。""有感情"就是让学生产生这种"强烈的心理反应",因为学生在接触语言材料之前,是一个游离于课文所描绘的那种情境之外的阅读客体,其内心是比较"平静"的。因此,教师要引导学生历经一个产生"感情"的过程,要引导学生"有感情"而"朗读",而不是"读出感情"。学生知道该用怎样的感情去读,但读出来仍然平淡如水,即使有语调的高低起伏,抑扬顿挫,也只是朗读技巧的表演。那么,在语文教学中,如何指导学生有感情朗读课文呢? 方法很多,现列举二三。

(一)范读启情

要提高学生的朗读水平,教师的范读十分重要。尤其是对于低年级的学生,读书还处于初步学习阶段,他们面对的是陌生的课文,对一些生字新词及长句子,要很流利地读出来有一定困难,更谈不上有感情地朗读。这就需要教师本身研究朗读,朗读好课文,随着教师的范读,课文中那深邃的思想、高尚的情操、美好的向往,就会像溪水一样流入学生的心田,诱发学生情感的波澜。著名特级教师李吉林教《十里长街送总理》时,用朗读创设情境,使学生仿佛在给总理送行的人群之中,教师也恍若置身十里长街。她用哀伤的语调读着"人们非常幸福地看到周总理,看到他矫健的身躯,慈祥的面庞……"在范读之后,她问学生:"'非常幸福'该是愉快的感情,'矫健的身躯''慈祥的面庞'又是赞美的语言,为什么老师读得反而低沉了、轻了、慢了?"显然,教师并不满足于读好范读,还要通过提问来促使学生深思,激发学生情感。可见,教师的范读,以声传声,以情激情,引发学生情感上的共鸣。教师的朗读示范作用发挥得越好,学生的朗读水平就提高得越快。

（二）想象悟情

叶圣陶先生说过:"作者胸有境,入境始与亲。"小学生的情感是伴随着清晰的表象和正确的理解不断深化的。教学中,教师要通过引导学生利用文本信息,凭借联想,激活已有的知识库存、生活积累、阅读积累,将语言文字还原成语言形象,再现课文中描述的情境,使学生主动获取这种感受,体验这种情感。例如《浪花》一文,描写了浪花的美丽、可爱与顽皮。这主要体现在文中"浪花看见了,迈着轻轻的步子走来,悄悄地挠着我的小脚丫。笑得我眼泪都流出来了,它才哗哗哗地笑着跑回家"。学生知道这句子写出了浪花的美丽、可爱、顽皮,却不能读出感情。于是,教师让学生闭上眼睛,边听边想,好像看到了什么。读完后,学生说:"我看到了浪花在跟小朋友捉迷藏。""我看到了浪花在开心地跟小朋友玩耍,他们玩得可开心了。"……学生边读边想象,这样,在情不自禁中就把表现浪花美丽、可爱、顽皮的感情读出来了。因此,教师要在引导上下功夫,引导学生多观察、体验和积累生活经验,在朗读中多想象,这样,学生才能在阅读中见文生义,见义生情,即使课文中写的人或事离自己的生活较远,学生也可以通过想象,借助生活经历中类似的感情经验去感受,读出感情。

（三）情境促情

在阅读教学中,教师对学生进行朗读指导时,还应该指导学生在读中感悟语言文字所蕴含的感情,感受美的情趣。创设合适的、赏心悦目的教学情景,适当地运用一些多媒体、音乐、图片等来渲染课文情境,有助于激发学生朗读的欲望,有助于学生感悟课文表达的思想感情,受到美的熏陶,产生读的欲望。

如《怀念母亲》这一课,文中描写了作者对母亲的怀念之情,在这部分描述了作者与亲生母亲虽然相处时间不多,但是母子感情却丝毫未减,相反因为母亲的离世,加深了自己对母亲的歉疚,并为此不断怀念母亲。此时,老师就引导学生抓住文中描绘作者痛苦不堪的语句,去反复品味,去想象画面,也可借助音乐渲染气氛,有助于体会作者对母亲的眷恋,对母爱的渴望,从而深刻认识到作者因为母亲的去世而抱憾终生。这时候再来引导学生有感情地朗读,这种难过与悔恨之情就能在学生的朗读中体现出来。

（四）评价激情

在对学生进行朗读评价时应针对学生朗读的优缺点,正视学生朗读的差异,遵循多鼓励、少批评的原则,对学生做出具体化的评价。当然,在对学生的朗读进行评价时,不能教师一人说了算,应注重评价的多元化,实施教师评价学生、学生间互评、学生自我评价等多种评价方式交互的策略。这样不仅赋予学生学习的主动权、参与权,充分调动了他们朗读的积极性,而且,在学生朗读的过程中,及时、有效、恰当地评价可以激发学生朗读的热情,强化学生的情感体验,提高学生朗读的水平。

（五）技巧指导

朗读教学也要教给方法,在技巧上作必要的指导,如停顿、轻重缓急、语气、语调的运用等,从而对学生起到引路的作用。

（六）提倡个性释情

鼓励学生用自己的方式朗读。教学时,教师要注重学生的个体差异性,不要以自己的"标准答案"去套学生,要鼓励学生进行创造性的朗读,朗读的形式不拘一格,如朗读、诵读、表演读等。

二、朗读教学的注意事项

（一）扫除学生朗读中的障碍,做好朗读准备

想要读通、读顺、读懂一篇课文,首先要扫除朗读中的障碍。这就需要教师布置好课前的预习任务,让学生养成课前预习的好习惯。在预习中遇到不懂或难懂的字或词,学生可以通过查找工具书或请教家长、老师、同学等方式,做好朗读的准备。

（二）要把朗读贯穿于阅读教学的始终

教师要把熟读每篇课文作为阅读教学的基本要求,让学生读得朗朗上口,达到正确地读、流利地读这一基本要求。通常情况下,阅读课可分为三个步骤,每个步骤都离不开朗读。

① 初读。通读全文,初步感知课文内容,理清课文脉络。

② 细读。要抓住重点句段,寓分析于朗读中,以指导朗读进行分析。

③ 精读。品评语感,欣赏课文精华。

（三）要保证足够的朗读时间

教师要留够时间让学生试读、练读,读出感觉,读出味道,读出情趣,切不可未准备好就仓促上阵,也不可只做个读的样子,匆匆过场。

三、案例研习

案例一:

《燕子》第一节的教学

一身乌黑光亮的羽毛,一对俊俏轻快的翅膀,加上剪刀似的尾巴,凑成了活泼机灵的小燕子。

实习生的教学设计:

1. 指名读第一节。

2. 燕子长得什么样? 课文是从哪几方面来写燕子的? 你觉得燕子美吗?

3. 齐读课文第一节。

李吉林老师的教学设计:

1. 现在我们来看课文是怎么写燕子模样的? 请一个同学读一读。

2. 课文是按什么顺序来写燕子模样的?（提示)你们有没有注意,课文中是用什么词儿

来表示燕子的羽毛的?(抓住"一身",体会课文从全身写到局部的叙述顺序)

3. 那么,小燕子的全身以及各个部分长得怎么样呢?大家一起轻轻地读课文。课文中哪些词语写出了燕子的美?读时要突出来。(读后提问)"俊俏"是什么意思?(释:俊俏)

4. 指导朗读:小朋友已经看出来了,"光滑漂亮""俊俏""剪刀似的"这些词语写出了小燕子的外形美,所以语调柔和一些,声音轻一些。(教师示范,学生各自练习,然后再指名读)

5. 为什么说"凑"成了?

教师指点:羽毛是美的,翅膀是美的,尾巴又是美的,合起来就组成了小燕子完整的美的形象。这一句在这个小节中起了一个概括的作用,朗读时,音调可提高些,不过"小燕子"的"小"要轻一些,突出"小",以强调它的可爱。

6. 指名读,齐读。

案例二:

《泉水、小溪》指导朗读的片段

师:现在我们来朗读课文,这里一共有6句话,3句是问话,3句是答话。问就要读出问的语气,回答就要读出回答的语气。你们先听老师读一读。(边读边打朗读指导记号)

泉水/泉水/你到哪里去?我要/流进/小溪/里。

小溪/小溪/你到哪里去?我要/流进/大江/里。

大江/大江/你到哪里去?我要/流进/海洋/里。

师:先请小朋友把3句问话找出来读一读。

(生读3句问话)

师:小朋友问泉水、小溪、大江的时候是很天真活泼的。跟我读一读。(读出童音,显得天真可爱)

(生读了几遍,天真、活泼)

师:下面我们来读回答的话,泉水、小溪像是小弟弟、小妹妹,读起来声音要甜甜的,很天真。(范读,读出儿童的纯真)

(生都笑了,在笑声中明白了应该怎样读)

师:大江呢,它很大,像个大哥哥。要用大哥哥的声音来读。(范读一遍,把声音放粗一些)要读出大江的气魄,谁会读?

(生读3句答话,学得很像。)

师:下面请3个小朋友,分别读泉水、小溪、大江。

(一男一女分角色朗读课文,童音悦耳,富有表情,语调生动,孩子们沉浸在课文的意境中)

案例三:

《狐假虎威》教学片段

师:第四节狐狸说的一段话很难读。大家看怎样读才能把老虎蒙住。(学生兴致勃勃

地练习后,一学生读,但读的声音比较小)

师:大家说,声音这样小,能把老虎蒙住吗? 谁再试试?

生:读——"老天爷派我来管理你们百兽,你吃了我,就是违抗了老天爷的命令。我看你有多大的胆子。"

师:读出点味儿来了,但还要注意感情。请大家听于老师读一读。(于老师略带夸张的语气,配了适当的手势和表情,读得有声有色,学生发出了赞赏的笑声)

师:大家都练习一遍,然后请一位同学上来读。(学生积极性高涨,练完后,一男生主动上讲台要求读)

师:你想,老虎把狐狸你逮住了,(说着,用一只手抓住该生的肩膀。众笑)你不能把老虎蒙住,可就没命了!(众大笑)

(学生读得很神气。读到"我看你有多大的胆子"一句时,还把脑袋晃了晃,轻蔑地斜了当老虎的老师一眼。众笑)

师:原来你是新大王!(说完,松开了手。众大笑)

四、实战演练

1. 讨论:观看一节朗读教学录像,运用所学知识加以评析。

2. 试教:编写一个朗读教学的教学设计,并分组进行试教。教学时间为 15 分钟左右。

项目五　习作教学技能

工作任务1　了解习作教学的目标

《语文课程标准》中习作的总目标是:"能具体明确、文从字顺地表达自己的见闻、体验和想法。能根据需要,运用常见的表达方式写作,发展书面语言运用能力。"在"总目标"之下,按 1、2 年级、3、4 年级、5、6 年级、7—9 年级这四个学段,分别提出"阶段目标",体现语文课程的整体性和阶段性。小学 1、2 年级为"写话",3—6 年级为"习作",7—9 年级为"写作",设置的意图是消除写作的神秘感,让学生处于一种放松的心态,从而让学生消除写作恐惧心理。在低年级用"写话"来淡化作文意识,在中高年级用"习作"来让学生初步具有作文意识,到初中阶段才称为"写作"。第一学段的相关表述为"对写话有兴趣";第二学段为"乐于书面表达,增强习作的自信心";到第三学段,过渡到具有初步的写作意识,"懂得写作是为了自我表达和与人交流";第四学段则提出"写作时考虑不同的目的和对象",要求具有比较自觉的写作目的。

在写作能力方面,新课标特别重视鼓励自由表达,放开种种束缚,在写作中培养学生的创新精神。新课标关于写作的基本理念是:写作是运用语言文字进行表达和交流的重要方式,是认识世界、认识自我、创造性表述的过程。

一、注意激发写作兴趣

写作初始阶段的目标设定,特别强调情感态度方面的因素,把重点放在培养写作的兴趣和自信,让孩子愿意写作、热爱写作,变"要我写"为"我要写"。

二、关注良好习惯的形成

习作教学中应该着重培养学生留心观察、自觉积累、积极构思、认真表达、主动修改的良好习惯。

三、鼓励自主习作,自由表达,注重发展个性,培养创新精神

《语文课程标准》贯彻这样的思想:只有为学生提供广阔的写作空间,减少对写作的束缚,才能实现写作的个性化,使学生表达出自己的主观感受。

四、密切习作与阅读的联系

1. 在阅读教学过程中,要注重语言材料的积累,为学生的习作表达尽可能多地提供材料。

2. 在阅读教学中要关注各种写作方法的学习和体验,为学生的习作尽可能地提供写作的方法。

3. 注意开展课外阅读活动。

五、重视写作中学生之间的合作与交流

创造机会,让学生合作撰写报告、体会、笔记等文章;提倡互相修改、评阅作文;多创造学生作品展示交流的机会。

六、注重语言能力和思维能力同步发展

当前,学生写作能力较低,一般表现在语感不强,语病较多,思路落入俗套,思维陷于混乱,大都是语言、思维方面的问题。因此,写作教学应以发展语言能力和思维能力为重点。

一、读写结合教学法

把阅读和作文紧密结合起来,取消通常的作文课,即在阅读教学中安排习作指导教学

环节。

第一步：解读文本，钻研设计读写结合的训练点。

一年级，以词句为重点，从句入手，作好记叙文的起步；

二年级：以词句为重点，从段入眼，从句入手，侧重练好连续、并列、总分、概括 4 种句群，为作文构段打好基础；

三年级：以段为重点，形成结构作文的知识；

四年级：以篇章为重点，着重训练构篇的技能；

五年级：侧重综合提高。

第二步：紧扣文本，巧妙运用读写结合训练方法。

1. 情节曲折、意蕴深远的文本，侧重补写形式读写结合：发展合理想象。

2. 条理分明、层次清晰的文本，侧重仿写形式读写结合：学习作者的表达方法。

3. 语言丰富的文本，侧重改写形式读写结合：积累优美词句。

4. 情感浓烈的文本，侧重续写形式读写结合：重在情感体验。

二、情境作文教学

（一）情境作文的特色

创设情境，适应学生形象思维的特点；重视情境体验，激发学生的表达欲望，把学生的认知活动和情意活动统一起来，使审美教育与提高学生的作文能力有机地结合起来。

（二）情境作文的教学结构

1. 创设情境。

创设情境的具体方法如下：

（1）实地观察，展现生活；

（2）设置背景，实物演示；

（3）课文情境，图画再现；

（4）音乐渲染，带入意境；

（5）语言描述，推波助澜。

2. 观察情境。

观察情境是情境作文的基础，操作时须注意以下三点：

（1）选取鲜明的观察目标，合理安排观察顺序；

（2）精心安排导语，获取最佳表象；

（3）观察情境与训练语言相结合。

3. 审美体验。

情境作文可以使学生在生动感人的情境中获得美的感受，产生美的愉悦。

4. 开拓思路。

在学生观察了情境、产生了强烈的表达愿望时，教师引导学生开拓作文思路，确定题材范围，启发学生自己命题，拟列作文提纲，抓住重点段落，指导写作方法，鼓励大胆创作，展开合理想象。

三、素描作文教学

素描作文在三年级主要进行片段描写练习。通过对静物、动物、房间陈设、大自然一角、人物外貌、动作、对话等分项描写,积累学生的生活知识和常用词语,发展学生有序细致的观察能力和大胆合理的想象能力,掌握片段的各种基本结构以及相应的写作技能。四年级则重点进行叙事素描的训练,通过一件事的演示和观察,使学生学会进行综合片段描写,掌握简短记叙文的基本要素和基本结构。

四、童话引路作文训练

这一教学的特点,主要是针对小学生富于幻想、喜爱童话的天性,在作文教学中展开"以童话引路,发展听说读写能力"的实验,让儿童听童话、说童话、读童话、写童话,从而把儿童引上爱听、爱说、爱读、爱写之路。

五、想象作文

想象作文是描写虚构世界的文章。(教学中要反对不着边际的想象,提倡合理、有意义的想象)想象作文按内容和表现形式可分为童话、科幻、假想作文、寓言作文等。

六、话题写作

话题写作教学模式:话题定向——目标定向——教师指导,学生探究话题,展开拓展性或创造性联想——学生自由拟订题目和确定问题——学生自主或合作进行写作——师生综合评价写作作品——课内外创作性迁移。

七、故事写作

故事写作的一般程序:提供词语——围绕特定的题目——进行创作性想象——编写故事。

八、生活写作

程序性教学指导策略:指导学生审视自己生活——思考立意——定题拟纲——行文修改。
运用提纲式写作策略设计教学:列总纲——列详细提纲——思考讨论修改——成文。
运用研究策略设计教学:收集原有材料——探究材料——分类材料——生成新信息。

工作任务 4 　设计习作指导教学过程

一、写前指导教学过程的设计

1. 写前观察、积累、选用材料。

写前教师指导学生进行与问题有关的自然或社会现象的观察,选择好观察的对象、视角、方法,把握住事物的特征和背景。这里主要解决"写什么"的问题。

2.明确目标,激发写作激情。

教师要交代本次作文的目标和要求,还有激发学生强烈的写作欲望,让学生自身有一个发表的需要,是有所为而发,有所为而写,感到不吐不快,变教师的"要我写"为学生的"我要写"。为此,教师必须善于创设作文情境,精心设计提示导语,唤起学生的情感体验,让学生出现创作冲动。这里主要解决"为什么写"的问题。

3.帮助审题、构思、立意。

这实际上是帮助学生解决"如何写"的问题。教师可以通过引导回顾、剖析比较、形象联系、实物启示、讨论争议、口头作文引路等方式,让学生自己考虑怎样根据题目的要求去具体写以及如何写好的问题。

二、写中指导教学过程的设计

教师对于学生写作过程中的指导,主要是要求学生迅速入题,打好草稿,再集中力量修改。在学生动笔写作的过程中,教师不宜再喋喋不休地做"指导",因为教师这时的每一句话,甚至每一个稍大一些的声响,都可能影响学生写作时的思路,形成干扰,使他们原本顺畅的思路受到阻碍。此时教师的任务主要是贯彻学生的写作,对有困难的学生予以小声的适当的个别提示。

三、不同学段习作教学流程的一般模式

1.低年级写话教学流程。

新课标对小学低年级写话的建议是:对写话有兴趣,写自己想说的话,写想象中的事物,写出自己对周围的认识和感想。

怎样有兴趣写话?

(1)走进生活,走进自然。

生活、大自然常常令学生好奇、惊讶、兴奋,同时也可以使他们产生强烈的写话兴趣。如学了《春风吹》,带领学生走进大自然去寻找春天,在现实的生活中去感受春天的气息。春天是美好的,阳春三月,虽然还没有百花盛开,绿树成荫,但暖暖的阳光,细柔的春风,那点点滴滴的绿色,使孩子一下就投入大自然的怀抱。他们在田野里奔跑着,玩耍着,那天真与烂漫的欢乐无法比拟。抓住这个时机引导他们:"你们找到春天了吗?"然后,让孩子们说说。

(2)看看写写。

可以把观察对象带进教室,让学生在教师的引导下,边观察、边写话,也可在课堂上组织游戏或小竞赛,让他们玩玩看看,看看写写,在玩中体验,在宽松愉悦的气氛中完成写话。

(3)演演写写。

低年级教材中的课文,形式多样,内容丰富,图文并茂,颇有情趣。有的课文可以让学生参与形象的创造过程,进入角色,体会课文的思想感情。当学生的思维被激活、情感被激起

时,可以趁势引导学生进行写话训练。

例如,学了《啄木鸟和大树》,问:"小朋友,啄木鸟又回来时,大树和啄木鸟之间又会发生什么事呢?"然后,让学生上台来讲一讲,演一演。说完、演完就进行写话训练。这样既发挥了他们的想象力,训练了口语交际能力,又使学生写出自己的真实感受。只要教师善于创设各种生动有趣的情境,激发情感,刺激欲望,学生就会有兴趣去尝试写。

（4）做做写写。

在动手实践中丰富生活,增长见识,积累写话材料。做,可以是制作小物件,可以是一次家务活,也可以采用其他方式。

2. 中年级习作教学流程。

习作教学的基本理念:立足人的发展观,让学生做习作的主人。《语文课程标准》也要求"抓住取材、构思、起草、加工等环节,让学生在写作实践中学会写作"。根据以上的理念及要求,习作教学一般两课时完成,习作教学的基本流程如下。

（1）借助例文,领悟写法(7分钟左右)。

例文的作者是学生,写的是学生自己的生活,抒发的当然也是学生自己的情怀。看了同龄人的例文,学生很容易接受。"为什么写"或"写什么",马上就掌握了。

（2）创设说话情境,激活习作欲望(5分钟左右)。

教师精心设计交际情境,打开生活源头,引出习作要求及话题范围。然后,指导学生进行有代表性的交流,把要写的内容先说出来。

（3）自主拟题,自由表达。

3—4年级的习作,基本上是只提供一个话题范围或选题空间,至于拟定什么题目,则由学生自主确定。再加上例文的引领,学生心领神会,已经激活的习作素材聚集、放大、形成表达的冲动。要积极鼓励自由表达。坚持大胆放手的态度,竭力让学生在动笔的时候,不受文体的束缚,自由表达,想说什么就写什么,想怎样说就怎样写。

（4）保持安静,一气呵成。

起草是构思形成的"胸中之竹"变成"手中之竹",学生要集中精力,排除干扰,一气呵成。

学生起草时,教师可以在行间巡视,对个别有困难的学生加以辅导,了解学生的写作情况,为"二次辅导"搜集反馈信息。

（5）修改与朗读。

① 学生习作写好后,自己先从整体上看,是否有缺漏错误、累赘多余和不足之处,再逐句推敲,必要时可查阅工具书及有关资料进行匡正。

② 同桌或同组的同学还可以互相批改,以激励提高。

③ 指名3—4名同学上台朗读自己的习作,师生再合作修改。

（6）保持安静,认真誊写。

3. 高年级习作教学流程。

小学高年级作文基本分为两大类:记实作文与想象作文。《语文课程标准》指出:"小学生作文就是练习把自己看到的、听到的、想到的内容或亲身经历的事情,用恰当的语言文字表达出来。"这也正是给记实作文下了定义。想象作文重在引导学生突破传统的思维定式,打破常规思路,鼓励其想象创新,运用富有个性化的语言,进行有创意的表达。小学以记实作文为主。导写过程如下:

(1) 创设情境,提供与学生写作储备相似的话题,激活他们的表达欲望与写作储备。

(2) 引导学生逐步明确写作话题,并将已经激活的习作储备进一步拓展(生练说)。

(3) 教师朗读与本次作文主题相关的下水文或范文,"抛砖引玉",以激活学生的写作思维。

(4) 营造宽松、安静的课堂氛围,让学生快速习作。这时,老师不要再絮絮叨叨地讲,而让学生安心地去写。

四、案例研习

于永正习作教学指导经验谈

1. 指导宜精不宜滥。

指导过多只会让学生学会用老师的眼睛看世界,而不会用自己的心灵感受生活。因此,我们要教给学生观察的方法,但不应指导学生在写作中用何种观察方法;教育学生写作要有顺序,但不应指导学生选择何种顺序写作;要指导学生明确题意,但不必指导学生理解题意、感悟题意;在学生有困难时指导,不要让指导成为学生构思的影响。

2. 指导宜灵活不宜死板。

比如写《××,我想对你说》,就要指导学生理解这里的"××"既可以是人,也可以是动物、植物,甚至没有生命的一件物品。再指导学生进一步明白"人"可以是长辈(父母、老师、爷爷奶奶等),也可以是同辈(兄弟姐妹、同学、朋友等);可以是你熟悉的人也可以是陌生人;可以是现实中的人,也可以是文学创作中的人物、动画人物等(如孙悟空、名侦探柯南)。至于"我想对你说"的内容,更是不拘一格,重在引导学生倾吐心声。

3. 指导宜开放不宜封闭。

指导的过程应该是开放的,不拘泥于习作前指导,应根据学生的需要,习作中指导、习作后指导也是很重要的。指导的方式是开放的,可以开设精品作文欣赏课,以欣赏感悟代替习作指导;可以让学生指导学生,在探讨式的交流中共同提高;还可以尝试让学生"指导"老师,出示教师的下水文,让学生评议指导,学生便会有一种莫大的成就感,并在对教师下水文的评议指导中学会写作。

工作任务5 掌握作文修改指导的内容和方法

一、习作批改的作用

通过批改,对学生进行习作的指导,使学生了解自己习作的优缺点,受到怎样写好习作的启发。

通过批改,教师可以及时了解学生习作的情况,以便于总结经验教训,改进教学。

通过批改,便于教师收集素材,为习作讲评做准备。

二、习作批改的内容

习作批改的主要内容有:思想内容方面;篇章结构方面;语言文字方面;书写方面。

三、习作批改的形式

习作批改应包括"批"和"改"两个方面。

批:教师对学生习作中出现的毛病、问题,习作中的优点、特点加以分析、说明和评定,包括眉批、旁批和尾批。

改:对文章的思想内容、组织结构、字词句段、标点等进行修改,包括删、增、调、换。

四、习作批改的要求

1. 内容和形式相统一。

教师在批改习作时,不仅要注意学生的语言文字表达能力,还要注意学生在语言文字中所表达出来的思想认识。

2. 围绕教学要求进行。

习作批改是习作指导和训练的继续,因此它应服从习作教学的整体。不同的年级,不同的习作训练,不同的目的和要求,这是我们批改的依据和出发点。批改时看学生是否达到这次习作指导的要求,这就是这次习作批改的重点。我们有些教师主张"精批细改",常常在习作上"大删大改",面面俱到,教师改得辛苦,学生却不得要领,收效甚微。其主要原因就是习作批改的方向不明确,只有把习作指导和习作批改结合起来,有针对性,有启发性,才能达到预期的效果。

3. 多作鼓励,多留少改,多批少改。

批改习作的出发点应放在珍惜和尊重学生的劳动成果,爱护他们的积极性和创造性上。苏霍姆林斯基说:"只有学习上获得成功而产生鼓舞的地方,才会出现学习兴趣。"教师在批改习作时,应始终明确一点:批改习作要注意激发、调动学生练习习作的兴趣和积极性。教师一定要多鼓励学生,对学生微小的进步都要予以表扬。对明显的不足和错误,也应从爱护出发予以指出,而不做严厉批评。切不可用一些打击学生积极性的"棍子语言",如"一塌糊涂""简直不像一篇文章""满纸废话,离题千里",使他们写作的积极性受到挫伤,使学生产生逆反心理,一谈习作就产生对立情绪。有位老师说得好:"与其在批语中写上'通篇语句不通',不如把文中少数几个写得通顺连贯的句子用波浪线画出来,批上'这几句写得通顺连贯'。"

批改作文时还要坚持"多留少改",可改可不改的地方尽量不改或少改,尽可能保留学生作文的原词、原句,即使改也要尊重学生的原意,忌"大删大改"。

习作批改还应多批少改,可以用眉批指出其错误和不足,让学生自己去修改。例如:"这里用词不当,请换个词。""这句话啰嗦,你能写得简洁点吗?""文章结尾不要表决心,还能换个结尾吗?"这样的批语有助于调动学生自己修改作文的积极性。

4. 从实际出发,讲求实效。

坚持从不同年级、不同程度学生的实际出发,实事求是,就一定能使每个学生的习作能力都在自己原有的基础上得到训练和提高。

5. 培养学生自改习作的能力。

教师批改任务重,而学生并不理解老师的良苦用心,对老师的批改很少注意,往往看看分数了事,这不可能达到提高学生习作能力和水平的目的,可谓事倍功半,劳而少功。要改变这种现状,教师就应该转变观念,变"替学生改习作"为"指导学生自己修改习作",把批改的着力点放在培养学生自己修改习作的能力上。《语文课程标准》中就明确提出:"重视引导学生在自我修改和相互修改的过程中提高写作能力。"

五、作文修改符号及方式

(一)作文修改符号

表 2-1　修改符号表

编号	符号形态	符号作用	符号在文中和页边用法示例
1		改正	增高出版物质量　提
2		删除	提高出版物质质量
3		增补	要搞好校对工作　校对员
4		对调	认真经验总结
5		接排	要重视校对工作　提高出版物质量
6		另起段	完成了任务。明年……
7		转移	校对工作,提高出版物质量要重视
8		左右移	要重视校对工作。
9		保留	认真搞好校对工作。
10		空格	认真搞好校对工作。

（二）作文修改方式

把作文批改分成 10 个部分，如果一篇作文满分为 50 分，那么每个部分给 5 分。

1. 格式是否正确（5 分）。

其实，写作文、批改作文都不难。批作文的时候，打开作文一看，格式没错，便拿出红笔，写上批语：格式正确。批文用减分法，此项若不减分，此文则为满分 5 分。

2. 卷面是否整洁（5 分）。

显然，这一条又是大家都能看得出来的。批改别人作文，指出卷面不整洁时，下次自己写作文也一定要注意卷面了。

3. 错别字几个（5 分）。

发现错字，要将错字在原文处打上标记，并且写到批语处，再在后面写上正确的字。有的粗心的同学错字挑不出来，怎么办？就搞流水作业：每人要批 4 篇文，每篇文要经过甲、乙、丙、丁 4 个人之手。甲批错别字 6 个，乙发现本文错别字不是 6 个，而是 7 个，那么甲就要对为什么漏掉这个错别字写出 100 字的说明书。丙发现本文错字是 8 个，那么甲、乙同学都要被追究责任，各追加 100 字的说明书。学生批改之后，老师还要抽查，重点抽查那些粗心的同学。粗心的同学一定要认真起来，发现错别字，每两个扣 1 分，最多扣 5 分。10 个以上也不再多扣，但要一一给予指正。

4. 有几处病句（5 分）。

挑出一篇作文中的病句，凡病句，都要在下面画上横线，写出病在何处，再在文后批语中，写清病句几处。每处病句减 1 分，减至 5 分，不再多减。

5. 标点符号有几处明显错误（5 分）。

强调句号、引号、叹号、问号的使用。发现明显错误的地方，有一处扣 1 分，有 5 处扣 5 分，超过 5 处，不再多扣。以上 5 条，都是写文章最低的要求，经过三四篇文章的批改实践，就能够掌握。再批改两三篇，掌握得比较熟练了，再一条一条地增加新的要求。

6. 看文章的中心是否集中、新颖、深刻、准确（5 分）。

在批改时将文章的中心是否集中、新颖、深刻、准确写入尾批。集中占 3 分，深刻占 2 分。

7. 看文章的选材（5 分）。

这一条批语提 3 点要求：① 文章是否围绕中心选材；② 材料是否符合生活实际；③ 材料是否具有典型性和代表性。这 3 点中最重要的是第一点，随着作文水平的提高，才提出选材具有典型性的要求。在批改时，将中心材料用波浪线注明在文章的下面，同时把符合生活实际的材料和具有典型性和代表性的材料，分别注明在文章的旁边；尾批时也将用材料的情况写进去。第一点占 3 分，后面两点各占 1 分。

8. 看文章的结构（5 分）。

就文章的结构而言，批语也要写清 3 点：① 层次段落是否清晰；② 过渡是否自然；③ 开头和结尾是否照应或者自然。第一点 2 分，其他两点各 1.5 分。

9. 看表达方式(5分)。

主要看其是否符合文章体裁的要求,记叙文以记叙为主,说明文以说明为主,议论文当然以议论为主。除此之外,还要看其是否符合作文指导的要求。如写记叙文,要求夹叙夹议,本文是不是做到了。写说明文,要求说明中有描写的成分,文中有没有适量的描写。写散文,要求记叙、议论、抒情相结合,文章中结合得怎么样。尾批时写入所采用的表达方式。根据文章情况,可酌情减分。

10. 看语言是否简练、通顺、准确,用词是否确切(5分)。

语言不简练,重复、啰嗦者酌情扣分,此项不超过 2 分。语言不通顺,不是指有病句,而是指句与句之间衔接不连贯者,扣分也不超过 2 分。用词不准确酌情扣分。将语言是否简练、通顺、准确,用词是否确切写在尾批中。

六、实践操作

下面是三年级学生写的习作。按照三年级习作教学目标,认真批改下面习作,要求正确使用批改符号,适当地写上眉批和总批。

采 芦 叶

今天妈妈和舅妈带上我一起去河边采芦叶。

我们拿着篮子,带着绳子马上就出发了,我们扰过村子来到了田野边,放眼鸟瞰,真美啊！绿油油地麦苗,粉红粉红地河花草,隐隐约约地还有金黄色的油菜花,还有许多小白花,我好像走进了画中一样,站在那边直发呆,听见妈妈在叫我的名字时我才回过神来。接着我和舅妈还有妈妈就走下去采芦叶,我拿着采来的芦叶,放在鼻子下闻了闻,发现它特别清香。

接着,我们就回家了。

工作任务6 **习作讲评的教学设计**

习作讲评是为了总结一次习作中突出的优点;分析一次习作中存在的问题;指出下次习作努力的方向。我们应把讲评作为整个习作教学过程中的一个重要环节来抓。

一、习作讲评的方法

1. 从讲评材料上分:A. 佳作赏析;B. 得失分析;C. 文字推敲。
2. 从讲评方式上分:A. 泛评;B. 点评;C. 专评。

二、习作讲评的注意事项

作文讲评采取什么方式,要根据认识规律、学生的心理特点和特定的教学要求来确定。有三点是特别值得注意的:

1. 抓重点。

讲评的重点应根据本次习作训练重点来确定,着眼于全班学生的主要的共同性的问题。

2. 多鼓励。

讲评要坚持正面引导,以肯定成绩为主,表扬先进,鼓励后进,特别要肯定后进生的点滴进步。

3. 重参与。

不能只是"教师讲,学生听",而应该是师生共同评议。要注意引导学生充分发表自己的看法、体会、感受,而不是教师简单地把结论灌输给学生。让学生在讲评完后读读自己的习作,动手改一改。

三、案例研习

指导学生修改作文

(一) 谈话导入

同学们,上次的习作指导课上,老师带领大家回顾了本单元的 4 篇课文,提炼了写作方法,进行了口语交际,课后,让大家根据要求进行了习作,从同学们的习作中,老师欣喜地发现,同学们选择的材料都很好,同学们体会了来自父母的不同角度的爱,有的消除了对父母的误解,有的向父母提出了很好的建议(课件出示习作优点)。希望同学们在今后的日子里,给爸爸、妈妈多一分理解、多一分沟通、多一分体贴、多一分关怀,把握住在我们身边的每一分幸福。当然,我们这次习作也还存在一些不足之处,如错别字、用词不当、句子不通、空洞不具体(课件出示不足之处)。

(二) 指导修改

1. 课件出示学生作品《妈妈,我想对您说》。

2. 学生轻声读。

3. 小组合作交流。

4. 师生共同交流修改。

(1) 学生发表自己的看法,教师随机指导:

文章思路:误解→理解

材料选择:伤病中无微不至地照顾(通过什么消除误解)

我:受伤时 →治伤中 →伤愈后

妈妈:焦急万分→精心照料→放心微笑

(你认为哪些地方应该再写得具体些?)

(盛饭端茶)(洗伤换药)(上学回家)……

(2) 指导修改。

① 怎样写具体呢? 我们大家来共同想想办法。不用"无微不至"一词又能表现出妈妈对"我"的"无微不至"的关怀照顾来。

对照写作方法(小作者回忆再现——学生合理想象——老师猜测)

② 照应前文,把妈妈有时会打我的情景想象补充具体。

③ 分析外貌描写,把可有可无的删去。

(3) 读修改后的文章,看比原文是否具体些了。

(4) 学生自改、互改习作。

5. 小结(课件出示小结语)。

世界是精彩的,生活是精彩的,只要同学们做生活的有心人,留心观察周围事物,多看、多听、多想,就一定能发现许多生动有趣的写作素材;好文不厌百回改,文章写好后多看几遍,多改几遍,不断地提出问题、解决问题,相信同学们一定能够写出生动、具体、富有真情实感的好文章来。

项目六　口语交际教学技能

工作任务　口语交际教学的设计及试教

一、设计口语交际教学的步骤和方法

《语文课程标准》指出:努力选择贴近生活的话题,采用灵活的形式组织教学,不必过多传授口语交际知识。

(一)确定好教学内容

口语交际课的教学设计,首先要选择好话题。话题要贴近生活,密切联系学生的经验世界和想象世界,使每个学生有话可说,有话要说。小学生在入学之前已具有初步的听说能力,口语交际教学要在学生已有的听说能力的基础上,规范学生的口头语言,提高口语交际的能力。

(二)设计好教学思路

口语交际教学的一般流程如下。

1. 明确交代任务。

明确本次口语交际的主要内容和要求。准备与本次口语交际主题内容相关的材料。

【操作要领】

① 明确内容,知晓要求。学生自主阅读口语交际话题,弄清楚本次口语交际的主要内容是什么,有哪些要求。

② 围绕主题,收集资料。提前预告学生围绕话题提前收集资料,做好充分的准备。可借单元教学的东风,围绕单元专题引导学生收集资料,为保证口语交际的质量,为"有话会

说"打下基础。做法是：学习单元导读和开始课文学习时，渗透口语交际目标，引导学生围绕目标多渠道收集相关的资料；随着课文学习，引领学生围绕目标，整理已经搜集的资料，从中提取有价值的信息。

③ 安排得当，方法提示。老师在课前布置任务时，要考虑学生的困难，任务布置尽量有具体的方法提示，让学生知道做什么，做到什么样，该怎么做。特别是低中年级，教师要引导细致，提示学生从哪些方面、有哪些途径去收集资料，如回顾生活经历、访谈请教、查阅资料、观察体验等。

2. 进入交际情境。

在了解话题的基础上，自主地试说话题，模拟体验。

在个人拟说情境的基础上，寻求伙伴或老师合作表演情境。

梳理和提炼本次口语交际的困难和问题，准备提交小组讨论时解决。

【操作要领】

① 精心创设交际情境。情境创设要适合不同年级、不同学生的特点，具有情趣性、生活化，让学生置身其中，能产生强烈的情感体验和积极的表达态度。创境的方法方式：巧借媒体，描绘情境；联系生活，再现情境；模拟生活，展现情境，等等。前置性作业中情境的描述尽量清楚具体，学生自学时容易看懂。

② 大胆尝试情境拟说。鼓励学生大胆说，试试怎样说清楚，想想怎样巧应对，还可以采用查、问、写、演等多种形式辅助拟说。同时，帮助部分学生消除胆怯心理，不怕说不好，勇敢地把想法说出来。其他学生在感受情境的过程中，调动多种感官，动眼看、动耳听、动脑思，投入其中。

③ 合理安排完成时间。了解话题和体验情境两个环节实际上就是学生前置学习内容，特别是了解话题安排在口语交际课之前完成。体验情境这个环节，可根据不同年级、不同口语交际内容等具体情况灵活确定完成时间。一般高年级可在老师的提示下提前模拟试说，低中年级在自主尝试的基础上，可利用开课的前一时段教师指导进行体验情境，然后表演情境。

④ 加强指导，由辅到放。低年级要特别对待，学生自主了解话题有困难，可放低要求慢慢尝试。中高年级的前置学习内容可从"了解话题"过渡到"体验情境"，要根据实际情况一步一步教给方法、训练能力，然后由辅到放，逐渐脱手，让学生逐步达到独立完成"了解话题、体验情境"前置学习任务的目的。低中年级教师可参与和学生之间的互动交际体验情境，做好示范引领，降低难度，激发学生说话的欲望。

3. 操练交际技能。

班级展示互动交际的成果。表达见解与感受，认真倾听，积极应对。规范口头语言，形成良好的听说态度和语言习惯。

在全班展示和教师适当点拨的基础上，更加熟练准确地把握交际方法要点。

【操作要领】

① 恰当确定展示内容。班级展示的内容应是口语交际话题的情境表演、现场互动。其

次,针对交际存在的问题和困难,所做的新的尝试和突破。

② 灵活选择展示形式。班级展示的形式应是灵活多样的,不能拘泥某一种形式,可以选派代表发言,也可以小组成员共同发言;可以两人合作主体展示,其他成员补充完善发起互动,也可以给每个成员分配不同的展示内容等。选择哪种方式,老师要指导学生视具体情况而定。

③ 合理安排展示频度。此环节安排多少个小组进行展示,教师要根据实际情况确定,既要保护学生自我展示的积极性,又要合理控制教学时间。互动交际是口语交际课最重要、最核心的环节,此环节一般应有 15—20 分钟的时间保障。

④ 有效深化交际。一靠教师适当点拨,二靠互动评价。教师的点拨,首先要及时把握点拨时机,要抓住有价值的交际互动生成,把全班学生的注意力引向交际的重难点、关键点、疑难点、提升点等方面;其次要讲究点拨方法,教师富有智慧,把自己作为互动一员,给予诱导,或提出有启发性的问题等,避免重技巧轻体验。同时,还要注意引导学生进行评价,在生生互评中提高交际的能力,获得交际的体验,特别是从中年级到高年级要逐步关注学生口语交际能力的综合性:一是关注交际的兴趣、情趣,听说的仪态、习惯等;二是临场应变所表现出来的思维的敏捷性;三是表情达意所表现出来的语言组合的快速性和语言表达的准确性、智慧性。

⑤ 引导积极有效互动。首先要培养学生倾听意识。别人发言,要倾听,边听边思考,哪些是我赞同的,哪些是我有异议的。其次要强化互动意识。听取别人的发言后,意见一致的,要有赞同的意识和意愿;意见不一致的,要有建议、争辩的意识和意愿。再次要训练回应能力,听取别人的发言后,可以从不同的角度进行回应:或赞同、或强化、或补充、或挑战、或争辩、或质疑、或评价等。一般可以有:a. 师生互动。教师主动与学生融为一体,共同扮演角色,互相交流与沟通。b. 生生互动。可以组织同桌之间、小组之间,开展"一说一评""演一演""辩一辩""比一比"等活动,调动每位学生的表达欲望。c. 群体间互动。主要是通过小组与小组之间合作学习或者全班式的集体讨论。

4. 评价交际水平。

在多元评价和总结收获中,提升自我交际能力,享受喜悦。

【操作要领】

在活动中即时评价,在评价中及时进行话题交际的方法总结。① 评价主体多元化。避免单一性,多种评价形式相结合,如自评、生评、师评、小组互评等。定性和定量评价相结合。② 评价角度多方位。重点评价学生听的能力、说的能力、合作意识等,多欣赏多鼓励,增强交际的兴趣和信心。在操作中,既评价学生语言的规范性、文明性和条理性,又评价学生思维的敏捷性、深刻性和创造性,还评价学生交流时声音是否洪亮,仪态是否自然大方……尽可能多方面地去评价学生,让学生享受到表达的快乐,成功的喜悦。各年段口语交际的具体要求不同,评价的要点要依据实际富于变化。

5. 扩大交际成果。

延伸交际话题,设计组织拓展活动,增加交际实践机会。

【操作要领】

① 拓展交际的时间和空间。精心设计学生感兴趣的交际话题或是调动学生生活记忆，打开学生的"话匣子"，让学生再实践再演练，巩固已形成的能力。

② 拓展交际的内容和形式。除了发挥"课堂"这一阵地的指导作用，还要拓展学生习得规范口语的渠道：家庭、社会、课间……鼓励学生把口语交际从课堂引向课外，带入生活，学以致用。让学生感受生活就是交际。

二、各年级口语交际课应该注意的问题

（一）低年级口语交际课应该注意的问题

1. 根据学生的学习特点创设情境；

2. 加强示范，做好引导；

3. 重视交际习惯的培养。

（二）中年级口语交际课应该注意的问题

1. 选择贴近生活的交际内容，构建良好的交际氛围；

2. 呈现多样化情境，锻炼学生在各种情境中灵活交际的能力；

3. 重视体态语的教学，促进学生口语交际能力的全面提高。

（三）高年级口语交际课应该注意的问题

1. 拓展学生交际的时空；

2. 增强学生交际的目的意识、对象意识以及效率意识。

三、案例研习

案例一：

交际话题："学会请求"

教学要求：

"学会请求"是一个开放性的话题，要求学生学习在日常交际活动中，有礼貌地提出请求，初步学会文明地进行人际沟通的本领。教师要引导学生从三个方面学会请求：① 向谁请求，说话要注意礼貌；② 请求什么，内容要清楚明白；③ 为什么提出请求，要求要合理可行。

交际情境的设计：

一、课前预设情境

1. 课前预设情境：上课铃响了，老师刚走进课堂，××同学就大声报告："老师，我的语文书忘记带了！"

2. 老师问："小朋友们，××的语文书忘记带了，你们能帮他想个办法吗？"

3. 小结：请求就是向别人提出一个要求，希望别人能答应。我们在生活中常常也有向别人请求的事，该怎么请求呢？（出示课题：学会请求）

二、教材情境再设

1. 打开课文，看图读文，说一说：谁向谁提出请求？请求什么？李春燕为什么要向奶奶

提出这个请求呢?

2. 师生合作,演一演:几名学生扮演李春燕向奶奶提出自己的请求,老师扮演奶奶。根据学生说话的内容、态度,"奶奶"可作出不同的反应:或故作生气不答应李春燕的请求;或假装听不明白,反问李春燕为什么要调小电视机的音量;或立即满足李春燕的请求。

3. 全班交流,师生从以下三方面评价口语交际的情况:① 请求什么,是否说得清楚明白;② 提出请求是否有礼貌;③ 提出的请求别人是否能做到。

三、课堂交际情景创设

1. 出示三种情境:

① 下一节是语文课,二(1)班的李悦忘记带语文书了,想请二(2)班的小刚把语文书借给他用一用,他该怎么说?

② 春天到了,王欢想请爸爸、妈妈带她到公园去欣赏春天的景色,她该怎么说呢?

③ 做数学作业时,陈亮、苏平和张田遇到了一道难题,他们该怎样向王老师请教呢?

2. 各小组任选一个交际话题,想象情境,讨论交流。

3. 小组同学合作,模拟表演。

4. 当场展示,师生随机点评。

四、联系生活,强化训练

1. 你在生活中有过向别人请求的事吗? 你是怎么做的? 在日常生活中、学习中,你还会有哪些事要请求别人,你打算怎么请求?

2. 师生分别评议:这个请求如果是向你提出的,你会答应吗? 为什么?

案例二:

交际话题:"说水果"

设计理念:

《语文课程标准》明确指出,口语交际是"听话、说话"的发展,它不仅要求训练每个学生的听和说的能力,而且要求在口语交流中,培养语言交际能力。本册教材也对一年级学生的语言发展能力提出了新要求:"口语交际的教学要让每个学生都动起来,要鼓励学生开动脑筋,敢于发表自己的意见,培养创新精神。"本课是通过实物、挂图及多媒体课件,让学生运用普通话,说说水果的形状、颜色和味道,让学生了解生活、热爱生活。

教材分析:

本节课的教学内容是:

(1) 你最爱吃什么水果? 把它的样子、颜色、味道讲给同学们听。

(2) 评出一两种最受同学们欢迎的水果。

根据课程标准和教材的要求,以及儿童的生活实际来确定本节课教学重点:如何培养学生的说话兴趣和与人交流的勇气。根据学生的识事经历来确立本课口语交际的难点:怎样来激发学生围绕"水果"积极地参与讨论,踊跃地发表自己的意见。通过本节课要达到以下教学目的：进行听和说的训练,培养学生听话和说话的能力。

教法分析：

合理运用快乐教学法,以多媒体课件、挂图、实物演示,创设语言交际的情境,诱发学生运用语言的兴趣,调动学生说话的积极性,启迪学生的思维,挖掘学生口语交际的潜能。

教学要求：

1. 指导学生有礼貌地进行交流,说出自己最爱吃的水果的名称、样子、颜色和味道。

2. 通过多种形式的口语交际活动,培养学生敢于交际、乐于交际的情感。

课前准备：

1. 每个学生自备一种自己最喜欢吃的水果。

2. 教学挂图、有关水果的多媒体课件。

教学过程：

一、在观察画面中交际

1. 看屏幕,进行交际。

利用多媒体课件,逐幅出现水果的图片,采用师生、生生交际等形式,初步形成水果的概念。

2. 看挂图(即课文插图),进行交际。

(1) 师生交际：桌子上摆着什么? 有哪些水果?

(引导学生用"有……有……还有……"的句式进行口述,可先总后分,也可先分后总。)

(2) 同桌交际：从每种水果的数量、颜色、样子、味道等方面进行交际。

(3) 指名口述,引导学生进行评价。

(4) 想象口述：你听到桌旁的小朋友在说什么?

(5) 小结,揭示课题。

这是创设生活情景,联系学生的生活实际,引出问题,启迪学生的思维,培养学生从小学会思考问题的习惯。让学生大胆说,要能把意思表达清楚,同学们能听得懂即可,不能要求过高。把学生说话积极性调动起来,使学生想说要说这是至关重要的。

二、在展示实物中交际

1. 介绍水果。

(1) 同组学生互相介绍自己带来的水果。

(2) 学生代表上台,边展示水果边介绍;台下的同学根据他的介绍进行评价或质疑,做到有说、有评、有问、有答。

2. 谈爱吃的水果。

(1) 师生交际,如：

师：请问××同学,你喜欢吃什么水果?

生：我喜欢吃××。

师：你能告诉我为什么喜欢吃××?

生：听我妈妈说,××含有很多维生素,是我们人体所需要的,所以我喜欢吃××。

师：谢谢！

（2）生生交际，如：

① 同组的同学互相问一问、说一说自己爱吃什么水果，为什么喜欢吃？

② "小记者"采访。在互动交际中，要求学生做到举止大方、有礼貌、语言规范。交际内容可涉及水果的名称、样子、颜色、味道、好处、坏处等。

③ 请"小记者"汇报采访情况。

联系实际让学生说说平时吃的水果。在培养学生说话时，要注意那些平时不大爱说话的学生，要多激发他们的说话兴趣。另外，还要注重说话要有条理。让学生能按一定的顺序说一说。例如，按"名称——样子——颜色——味道"来说，即按从外到内的顺序说。在这个环节教学中尽量引导学生能联系生活实际大胆发言，说出生活感受，做生活的有心人，努力营造口语交际的环境。

三、在创设情景中交际

创设"买水果"的情境：

（1）教师当售货员卖水果，请同学到前面来当顾客买水果、挑水果，买卖双方进行问价、要价、讲价。（结合生活实际表演）

（2）同组表演"买水果"。（注意使用礼貌用语）

（3）请学生上台表演，其他学生认真听，再做简单评价。

组织学生开展演示活动，并在演示的过程中及时反馈，相机纠错，以充分调动学生各种感官（手、口、脑、眼的作用），充分发挥学生口语交际的主动性，发掘学生口语交际的潜力。

四、在评选活动中交际

开展评选水果的活动，让学生根据刚才同学的介绍，或同学们带来的水果，评选出一二种最受欢迎的水果。

选几位同学最爱吃的水果，按照一定顺序，说说它的特征。比一比看谁说得最清楚、最具体。要求以小组为单位，由小组推荐代表上讲台讲演。同时，从各组里抽出一名学生当评委，教师给予引导，提出比赛规则，评一评谁说得最好。在这个环节中，教师用比赛的形式，促使学生相互学习，取长补短。鼓励学生善于表现自己，锻炼自我。从而学会怎样把事说明白，说清楚，说具体，并能做到表达自如。懂得听话时要认真倾听别人讲述，边听边想，有不同意见要用"我认为""我觉得"的语气向对方表达出来，以培养学生良好的语言交际习惯和能力。

五、在品尝中结束交际

出示准备好的水果实物，让学生亲口尝尝其味道，鼓励学生无拘无束地说出自己的真实感受，然后再"评一评"在这些水果中，最受同学们欢迎的水果是什么。

四、实战演练

1. 任选一节口语交际教学内容，进行教学设计并试教。

2. 根据以上案例一和案例二的教学设计，分组进行试教。

项目七 语文综合性学习的设计技能

工作任务 语文综合性学习的设计及试教

语文综合性学习是一种全新的学习方式,它善于整合一切社会资源,敢于尝试,大胆实践,用语文工具解决实际问题,陈述活动结果,让学生的语文素养能够在社会这个大环境中不断得到提升,创新精神和实践能力得到培养。

一、语文综合性学习活动的设计内容

语文综合性学习一要有语文元素,即字词句篇,听说读写;二要有综合内容,即自然、人类社会、学校、家庭等方面;三要有合作精神,即按计划分工合作、分组活动;四要有自主活动,即每个人亲历学习、实践的活动;五要有创新精神,即不断寻求新的思路和作法,不断发展学生的创新思维能力。

(一)教学内容的设计

语文综合性学习的关键:确定学什么比怎么学更重要。

1. 学科内部的综合。

语文综合性学习应体现语文知识的综合运用,听说读写能力的整体发展。因此,在教学过程中要尽可能加强字、词、句、篇的综合运用,加强各方面能力的整体发展。在口语课"我会拼图"中,可以让学生欣赏收集到的各种拼图,让学生在美的感染中产生自己动手拼一拼的愿望,这时可以创设"夸一夸自己的拼图""比一比谁的字最端正"等情境,让学生写下赞美拼图的话语。拼图完成后,组织一次展评,师生共同评议、欣赏,以此加强语文学科内部知识的综合运用,同时也培养了审美情趣。

2. 各学科之间的综合。

《语文课程标准》在"教学建议"中指出,综合性学习的基本特征之一就是"语文课程与其他课程的沟通""提倡跨领域学习"。语文综合性学习要通过语文与音乐、美术、体育、思品、自然、数学、劳动等相沟通的综合性学习活动,让学生综合性地学语文、用语文,全面提高语文素养。因此,在教学过程中要尽可能地放,少一些条条框框,给学生自由度,鼓励、引导学生将语文学习与其他学科相融合,发挥特长。

3. 语文学习与社会生活的结合。

书本学习与社会活动的紧密结合是综合性学习的又一特征,一切自然风光、文物古迹、民俗民情、国内外和地方的重要事件以及日常生活话题等,都可以成为语文综合性学习的渠道,也就是说,语文学习的外延与生活的外延是相等的。教学中应结合实际情况,充分利用学校、家庭、社区等教育资源,开展综合性学习活动,拓宽学生的学习空间,增加学生语言实

践的机会,提高学生的语文综合素养。比如,"长江在哭泣"这一综合性学习活动,可以这样设计:

① 长江特产知多少;

② 为长江特产写广告词、作广告画;

③ 采访渔民,了解水产资源的现状;

④ 查看长江水质,访问环保部门;

⑤ 为了子孙后代——致渔民的一封公开信。

这一综合性学习活动,完全打破了课堂教学的局限性,学生课堂上学到的知识与能力在社会这个"大课堂"上一展风采,既培养了学生搜集、筛选、整理资料的能力,又培养了学生发现问题、分析问题、解决问题的能力,使得语文综合素养在"小课堂"中生根,在"大课堂"中发芽、开花、结果。

（二）教学形式的设计

语文综合性学习涉及内容多,任务多,人员多,时间长,空间大,为了确保质量,一般围绕一个主题,有序地开展活动。

1. 以游戏为主的主题设计。

游戏是小学生最喜欢的活动,其中有丰富的语文学习资源。让学生在游戏中进行语文综合性学习,寓学于玩,使活动与识字学词、口语交际、思维训练融为一体,语文能力的培养润物无声。

2. 以参观调查为主的主题设计。

参观调查是学生参与社会实践活动的有效方式,也是学生学语文、用语文,检验和提升语文能力的重要途径。

3. 以传承民族文化为主的主题设计。

把语文学习与传承民族文化、校园文化建设紧密联系起来,丰富语文综合性学习内容,既能做到学用结合,扩大学生学习语文的视野,又能培养学生的民族自豪感和责任感。

4. 整合教材资源的主题设计。

农村小学教学资源缺乏,教师教学任务繁重,教材就成了教学最重要的资源,可充分挖掘、整合、利用已有教材进行设计,解决课程资源问题。

（三）教学方式的设计

一是要体现自主性。学生要成为自主参与的能动主体,因为语文教学的最终效果是体现在学生这一主体上的,没有学生参与或者学生参与得不充分,语文综合性教育就无法开展或者说是不完美的。

二是要体现合作性。让学生人人都积极参与,不是只让一些相对较优秀的学生多发言,而是要让每一位学生都"主动动手",使教学成为整体智慧的交融、碰撞和升华。

三是要体现探究性。要强调学生不能被动地等待知识的传递或知识的获取,而是通过自身主动与外界的接触、沟通、了解、感受、体验,形成构建自己的"知识",从而获得自身合理的认知结构,达到发现问题、解决问题、获取知识、形成能力的目的。

（四）教学评价的设计

1. 要从重"选拔"转为重"发展"。评价的最终目的在于为学生更好地学习、更好地发展服务，体现教学"育人为本"的理念，改变过去从高分到低分给学生"排名次"的做法，从而为每一位学生提供一个展示自己长处的机会，保证学生获得实实在在的发展，获得整体发展。

2. 要从重"结果"转为重"过程"。评价应侧重学生学习的过程，要注重使其形成综合素质，而不能侧重于看学习结果。既要注重学生的量化成绩指标，又要把着眼点放在教学过程中，看学生学习过程中主动性如何，参与的积极性如何，探究的能动性如何，以及方法的科学性如何等等，从上述几个层面来综合评价学生的整体素质。像语文档案袋之类的评价就是一种很好的方法。

3. 要从重"教师评"转为重"大家评"。实现学生自评、学生互评和家长、师生互评的多元化评价。同时，增强评价的民主性，评价中注重双向选择、沟通和协商，使被评价对象最大限度地"接受"评价结果，而不是把评价结果"强加"给学生。

二、语文综合性学习设计基本模式

语文综合性学习设计一般由四大板块组成，即"组织策划——过程探究——成果展示——总结评价"。

（一）组织策划

一般一课时，在课内进行。此阶段主要是让师生明确学习活动的目标和任务。主要解决以下问题：确定学习活动主题和学习目标；选择学习内容、形式以及活动程序；划分活动小组，分配学习活动任务。学习方式主要是老师指导，学生自主。

（二）过程探究

多课时，课内课外结合进行。此阶段主要是根据活动目标和活动内容，学生在教师的指导下进行自主探究和合作探究的过程。

首先，学生个体自主学习探究，主要采取调查、访问、观察、搜集资料等适宜个体学习为主的探究方式。其次，在个体自主探究到一定程度的基础上，小组或班组交流、汇报学习收获等情况，进行合作探究。由于此阶段时空范围大，组织管理松散，是形成成果的关键，教师要加强调控，学生才能充分经历学习实践的过程，做好成果展示的准备。

（三）成果展示

一般一课时，在课内进行。此阶段主要是在教师的参与下，学生充分自主地开展成果展示活动。学生尽可能地主持展示、交流，进行互动活动，让每个学生既充分展示自己的学习成果，又能充分分享他人的成果，学习别人的经验，实现共同发展。此环节不仅有交流分享，更有现场生成的智慧。

（四）总结评价

一般贯穿于活动过程的始终，也可以专门用一课时进行总结评价。过程中的激励评价有助于及时反馈矫正。活动结束阶段的总结评价，有助于全面总结个人及小组活动的成果。

通过生生互评、师生共评,有助于形成积极向上的研究氛围,同时对学习结果进行公平公正的评价,有利于促进学生的学习。

三、案例研习

案例一

设计主题:关注戏曲

活动要求:

1. 初步了解中国戏曲的有关基本知识;

2. 理解戏曲中脸谱、行当等含义;

3. 学会欣赏一些影响力较大的戏曲;

4. 了解一些有关戏曲方面的知识;

5. 了解当地有关戏曲文化的现状。

活动过程:

一、确立活动小组

二、活动实施过程

第一阶段:查询、积累资料;

第二阶段:合作探究、讨论分析;

第三阶段:互相交流展示成果。

1. 各小组展示阶段性成果。

(1) 欣赏戏曲磁带;

(2) 看 VCD 和下载的戏曲片段,进行模仿秀比赛;

(3) 展示京剧中的脸谱,了解脸谱中的象征意义;

2. 各小组参加知识竞赛,体验劳动成果。

3. 拟订方案,进行社区宣传,寻找振兴地方戏曲文化的途径。

(1) 将收集到的资料写成文章投到广播站作一次专题栏目;

(2) 制作卡片、小报,分小组深入街道、农村、公共场所宣传有关戏曲知识,了解戏曲文化对丰富群众文化生活的重要性;

(3) 向地方政府写建议书,希望政府重视戏曲文化建设;

(4) 设计公益广告,呼吁人们重视地方戏曲文化。

案例二:

综合发展凸显个性——"生活中的传统文化"综合性学习活动设计

湖北省武汉市华中师大附小　徐宇红

指导过程:

"单元导读课"中提出"综合性学习"的任务(比课本中的位置提前了)。

第一次检查:根据学生搜集资料的情况,确定传统音乐、绘画、书法、民间工艺等几方面内容,让学生自主选择活动内容、学习伙伴,自己制定活动计划,并按计划开展活动。

第二次检查:分组进行指导,询问活动开展情况,给予恰当指导(有的内容过多、过杂、过繁、偏离,指导挑选)。

第三次检查:询问每组打算用怎样的方式展示活动的成果,给予适当的建议。

学生学习过程:

学生在有目的、有计划、有层次的综合性学习活动中,不仅学到了语文课内外的知识,同时对音乐、绘画、书法、建筑相关知识有了一定的了解。活动过程中,学生搜集资料的手段和途径也是多种多样的:有上网查询的,去图书馆查阅的,从书籍上查找的,询问父母长辈的,还有亲自动手操作的,等等。活动既提高了他们搜集和处理信息的能力,也使他们初步获得了现代社会所需要的语文实践能力。从活动开始时的独自查找资料,到小组合作有计划地开展活动,到最后独具特色的展示活动,老师感觉学生在全员参与、主动探索、团结合作、勇于创新的意识和能力上都有了显著提高。他们热爱祖国文化的情感和民族自豪感内化为言语或行为,自觉或不自觉地表现出来了。(介绍故宫、长城、黄鹤楼时自豪的神情;弹奏古筝时陶醉的情形,等等)

教学过程:

一、激情导入

师:在生活中,我们时时处处可以感受到丰富多彩的中华传统文化。现在,就让我们一起跟随着画面再来感受感受吧!(播放CAI)

师:在本单元的学习过程中,老师也曾布置大家围绕"生活中的传统文化"进行"综合性学习"活动,不知同学们都搜集了哪些资料呢?(指名答)

师:看来你们搜集的资料可真多!想不想把你们这次"综合性学习"活动的成果展示给大家看看呢?

生:想!

二、汇报成果、展示个性

1. 小组内准备。

师:先请同学们在小组内将自己的资料整理整理,再商量一下用什么方式向大家介绍,待会选出代表参加全班"大比拼"的展示活动。

2. 全班展示。

师:"中华传统文化知多少"的大比拼现在开始!由每组派代表汇报,本组的同学可以补充,其他小组的同学可以提问,也可以补充。

(小组依次用自己的方式展示活动成果)

3. 评选优秀小组。

师:看来每组同学都是有备而来呀!这场大比拼到底谁胜谁负,哪个小组的活动又开展得最好呢?我们一起来评一评吧!

4. 播放CAI,升华情感。

师:刚才听了你们的成果汇报,真让我大开眼界!我也搜集了一些资料,你们想看吗?

生：想！

三、谈感想，为习作做准备

1. 师：看来我们的中华传统文化真是多姿多彩、博大精深呀！一时半会儿是说不完的。那么，你们学了课文、听了介绍、看了展示，有什么感想呢？（指名说）

2. 师：你们愿意把看到的、听到的、想到的记录下来吗？

3. 师：我们在活动过程中，搜集了那么多资料，有文字，有图片，也有实物，我们还看到、听到了许多许多。那，哪些是你最想告诉大家的呢？下节课习作，我们就来写一写！

模块三
小学语文教学评价技能

项目一 课堂评价技能

> **工作任务** 学会课堂即时评价

　　课堂教学中的形成性评价很多,即时性评价是一种有效的形成性评价方式,它贯穿于课堂教学活动的每一个环节,对于师生双方都有其重要意义。从评价主体角度分为两类:一方面是教师课上的语言评价;另一方面就是学生对自己、他人学习情况的评价。作为教师的课堂即时评价要"学会等待",面对学生正确的答案不忙于首肯表扬,而是引领回顾思考的过程,使最有价值的过程与方法让全体同学共享。面对错误答案不忙于否定,要肯定其思维过程中有价值的因素。面对暂时不符合要求的练习,应尊重差异,给孩子多一点时间,多一点过程,允许异步达标。课堂即时评价并不等于马上评价,相反有时教师需要耐心等待,需要延缓评价。教师的基本姿态是接纳,既不表示赞同,也不表示反对,而是表示非常乐意倾听。不止于简单评判"对"或"错",而是展开具体的阅读与思考,寓引导点拨于评价中,给学生以方法的启迪。

　　教师课堂即时评价应注意:

　　① 课堂即时评价是发自真情的赏识;

　　② 课堂即时评价要注重过程方法的引领;

　　③ 课堂即时评价是师生平等的对话;

　　④ 课堂即时评价应力求形象、准确、贴切。

　　在课堂即时评价中,可以采取以下有效方法。

一、激励式评价

　　例1: 孙双金《天游峰的扫路人》教学片段

　　师:看了这个题目,你有什么问题有什么想法请说出来。孙老师最喜欢那些动脑筋的同学了。

　　生1:我想知道,天游峰的扫路人到底是个怎样的人?

　　师:是啊,那扫路人是个怎样的人啊? 他看了题目产生这样一个问题,会思考。

生2：为什么要写天游峰的扫路人？

师：是啊！天游峰的景那么美，作者为什么不写美景，而写天游峰的扫路人呢？你叫什么名字？

生2：陈奔腾。

师：请你把这个问题写在黑板上，问题后面写上你的大名。这个问题是你提出来的，这是你的专利，这是你的知识产权，其他人不能侵占。今天这一堂课，凡是提出有价值问题的同学，孙老师都会让你把问题写到黑板上，把你的大名挂在后面，很光荣的。就这个题目，你还想提问题吗？

生3：扫路人身上有什么伟大的事？

师：扫路人身上有什么伟大的事呢？无非是扫扫地嘛，有什么伟大的——

生3：品质。

师：哎！这就提得很好。把"伟大"这个词语换一换，"品质"一般用什么词来形容的？

生3：高尚。

师：你把这个问题再说一遍。

生3：扫路人身上有什么高尚的品质？

师：听到了吗？一个看似粗糙的问题，一打磨，好问题出来了。请你把这个问题写到黑板上。

案例中教师用"孙老师最喜欢那些动脑筋的同学了"这句话鼓励学生质疑。生1提的问题一般，但教师却有意大力表扬，以消除学生害怕提问的心理，努力激发全体同学的提问热情。接着用"凡是提出有价值问题的同学，孙老师都会让你把问题写到黑板上，把你的大名挂在后面，很光荣的"的方式激励更多学生继续质疑。当生3提了一个很粗糙的问题时，教师热情地与其共同"打磨"，培养学生的提问能力。正因为教师充分关注学生主体的成功体验，善于发现不平凡而有价值的观点或意见，给予坦诚、真切的鼓励，使整堂课取得了很好的效果。

二、榜样示范式评价

例2：《赵州桥》教学片段

老师在巡视学生自学课文时，发现一位同学自学的习惯非常好，当即面对全班同学说："请停一停。我发现某某同学的自学方法特别好，他一边读书一边画出重要的句子，有疑问的地方还打上问号呢！"

这位教师在学生学习过程中的随机评价，表面看是中断了学生的学习进程，实际上却用心良苦。教师从整个班级里"捕捉"出这么一个"典型"，接着以一种非常珍视的态度，特别提醒全班同学注意，为的就是树立一个可学性极强的形象。语文教学要重视学习方法的指导，这个案例中的学法指导不是教师强行灌输，而是来源于同班同学的"尝试"和"发现"，其他学生会觉得这种"典型经验"非常亲切。而能得到教师如此重视的那名学生，该有多么自豪！所以，教师要注重榜样效应，在教学中把握好个体和群体的关系，充分发挥学生主体的积极性。

例3：薛法根老师的课前交流

师：你们知道我叫什么名字？

生：薛法根。

师：你是怎么知道的？

生：前面的宣传标语上有你的名字。

师：我们每个人都有一双眼睛，这双眼睛用来观察。

案例中，教师没有用"你真会观察"这样的评价语直接肯定学生善于观察的优点，而是以之为榜样引导全体学生养成善于观察的好习惯，使引领的面随之扩张至全体，被评价者不难体会到老师对他的肯定和鼓励。其特点是目的明确，形象生动，震撼心灵。

三、延迟评价

从信息论的角度看，信息的传递到信息的反馈需要一定时间，教师的肯定正确和纠正错误要看准时机，结论太早会不利于学生的深入思考。

例4：《猴子捞月亮》教学时两位教师不同的处理方式

学生们正纷纷评价捞月亮的小猴子，有的说小猴子笨，有的说小猴子傻。突然，一位学生爆出了与众不同的意见："小猴子既不笨，也不傻，小猴子好！"

A教师的处理方式：

"小猴子好——好什么？"教师面带愠色，还故意把"好"字拖得很长。这位学生嘴里嗫嚅了几下，终于没说下去。

B教师的处理方式：

"小猴子好，你的想法很有意思，能不能给同学们具体说一说，为什么你认为小猴子好的道理？"教师微笑着，以赞赏的口吻向这位同学提出了要求。受到教师的鼓励，这位同学兴奋地表述了自己的意见：

"小猴子虽然捞的是月亮的倒影，但它们心中想的是皎洁的月亮突然掉到了水里，保护美好的事物是大家的责任，因此应该冒着生命危险去捞月亮。这种思想是值得赞扬和提倡的，所以小猴子既不笨，也不傻，而是应当为它们叫好。"

当学生提出出乎意料的看法，两位教师的处理方式产生了不同的结果。A教师既怕把其他学生的思维打乱，又怕耽误时间，于是连忙制止孩子的发言，同时也遏制了学生积极思维，并使其心理受到伤害。很难想象，这位学生以及他的同伴们今后还会不会产生同样的思维火花。B教师则深知"静观其变"的科学道理，充分重视学生的新异看法，及时调整教学计划，注意引导学生充分展示自己的思维过程。其结果是促进了学生的积极思维，并使其进一步产生学习的乐趣。

真正有价值的问题，需要留置时空让学生冷静思考，而不是让学生草率应答。不让学生充分表现与众不同的想法，往往会忽略学生的独特体验，使学生的创新火花早早凋零。过早评价符合要求的发言，容易对其他孩子的思维形成定式，遏制思维的空间。

四、以退为进式

例5：张祖庆《亚马逊河探险记》教学片段

师：（观看录像之后）呵呵，有些同学看得连大气都不敢出。我要考验考验同学们，现在谁还敢去亚马逊河的请举手。（举手的只有三五个——台下老师笑了）

师：是不敢去了吧？（笑）我再问一遍：敢去亚马逊河的请一齐用声音来告诉我，敢不敢？（大部分学生很犹豫地说"敢"，还有个别说"不敢"——台下又一阵笑声）

师：好像被老师逼的！再问一遍，敢挑战自己，敢去探险的，响亮地说，敢不敢？（有几个学生大声地说"敢"，但是底气还是不足——老师又一阵笑声）

师：有几个孩子确实不敢，（来到第一排第一座，问一个男孩子）你不敢是吧？

生：是不敢。

师：为什么不敢？

生：因为猛兽太多了。（笑）

师：你怕一不小心，回不来了，是吗？（笑）是的，人不管做什么事，应该考虑自己的生命安全。但是很多同学想去，我建议你，等会儿他们在探险的时候，你留在大本营，好不好？

生：（犹豫地）不好！

师：不好，是不是？那好，一起去。"不经历风雨，怎么能见彩虹呢"？为他这份马上转变的态度鼓掌。（凑近这个孩子关切地）待会儿老师会保护你的。（笑）

按通常逻辑而言，对于小学高段学生来说，冒险、探险、历险、惊险，无疑是其生命成长历程中一种本能的精神诉求。于是教师才会引出这种无中生有的虚拟情境，为满足学生强烈的冒险欲望提供极佳机遇。怎料，当学生看完那段"神秘莫测、危机四伏"的亚马逊河录像后，竟然有人假戏真做，被吓得说不去了。此时教师深知不可强攻，只能智取。于是巧妙地对胆小的同学说："等会儿他们在探险的时候，你留在大本营，好不好？"结果不愿脱离集体的同学还是勇敢地表示自己要去了。这是以退为进的典范。

例6：于永正老师课堂花絮

于老师请一位同学读课文的第七节，可那位学生读第一节了。同学们都向他望去，目光告诉他读错了。

同位的小声说："读第七节。"

这位同学红着脸说："对不起，我听错了。"

于老师笑笑说："说'对不起'的应该是我，是我没说清楚。"

当学生因为开小差读错段落而倍感尴尬的时候，我们没有听到惯常的声音："以后，上课可不能开小差了"或者是"是不是开小差了，以后可要注意了"一类的深挖细究。于老师心中明白，这位学生已经品尝到了因为自己的过错带来的苦果，他正被尴尬的氛围包围着呢，批评他已没有意义，于是，于老师选择后退一步，自我反省，把解剖刀对准了自己——可能自己也说得不是很清楚吧。用自身的言行在所有学生的心底树立了严于律己、宽以待人的榜样，将学生的自我认识提升到崭新的境界。

五、由表及里

例7：张伟《再见了，亲人》教学片段

师：一点也不错，好了。很多很多。现在我要问你，你了解你的亲人吗？了解你的爸爸或其他的亲人吗？

生：我也了解我的父亲。我爸爸在有时间的时候经常喜欢下围棋，而且经常喜欢抽烟。我有时候喜欢他，有时候又讨厌他。

师：你这个"讨厌"从本质上看是为什么？

生：因为我爸爸喜欢用电脑，我妈妈也喜欢用电脑，但我妈妈用电脑必须经过我爸爸同意，他每次都不同意；还有就是他抽烟每次都把我们呛得咳嗽。

师：你不让他抽，讨厌他抽烟，为什么呢？这不仅对妈妈，对他自己的身体好不好呢？还是对他的爱。那你为什么这么爱你的爸爸呢？

生：因为我没劲的时候总是找我爸爸一起玩。

师：陪着你玩。

生：我爱爸爸，他一直辅导我的学习。因为他希望儿女能够成才，所以我觉得我爸爸是很爱我的。

师：对，关心你的学习。

对于深爱自己的爸爸，学生怎么又会说讨厌呢？肯定有原因。于是，张老师由表及里地询问："你这个'讨厌'从本质上看是为什么？"引导学生说出具体原因，继而老师帮助梳理头绪，原来爱之深，恨之切，此处的"讨厌"其实乃是"爱"的表现。

例8：于永正《新型玻璃》教学片段

（于老师请学生读一读自己写的《××玻璃自述》）

生：（读）"《变色玻璃自述》。我的名字叫'变色玻璃'，是一种高科技产品。有人可能不知道我。其实，我早就上市了。把我装在你家的窗户上，从室内看外面很清楚，而从外面看室内却什么也看不见，所以小偷不知家里有什么，没法去偷。我还会随着阳光的强弱而改变颜色，起到自动调节室内光线的作用，使光线变得柔和，不会刺眼睛，所以有些人把我叫作'自动窗帘'。你们看，于老师的眼镜片就是用我做的呢！大家快去商店把我买回家，我会为你尽力效劳。"

师：第一，你写得很好，第二，你读得很好，第三，你心地善良。三好啊！还有一好，课文读得好，如果课文没读好，哪能写得这么漂亮？我得谢谢你，因为你保护了我的眼睛。跟老师握握手。

当于老师感觉到这是一个比较有代表性的"自述"时，迅速地对其优点进行了梳理，对从写、读、自述中表现出来的人物品性进行了肯定性评价，最可贵的是将评价视角深入到对"三好"的溯因，引申出学生往往忽视的"还有一好"，对学生的促进作用是不可估量的。这种由表及里的评价有效地拓展了学生自我认识的深度，使学生认识到仅仅满足于表面的学习还是远远不够的，必须深入到结果的背后，才能学到真正有价值的东西——既要关注他人好在哪里,更要关注他人为什么能做得这么好。

六、体态关怀式

例9:孙建峰《做一片美的叶子》教学片段

师:联系现实生活,说一说你对"大树把无数的叶子结为一个整体,无数的叶子在树上找到了自己的位置"这句话的理解。

生1:班级把同学们结为一个整体,每一个学生在班级里都能找到自己的位置。

师:好!

生2:工厂把工人结为一个整体,如果工厂倒闭了,工人就下岗了,没有自己的位置了。

师:有现实意义!

生3:中国把五十六个民族结为一个整体,五十六个民族在中国都有自己的位置!

生4:地球把所有的国家结为一个整体,但美国为什么不让伊拉克有自己的位置?

师:问得好!"先天下之忧而忧",弄明白这个问题还需要时间!

生5:家把爸爸、妈妈、孩子结为一个整体,每个人在家里都要有自己的位置。可是,我的爸爸、妈妈离婚了,他们都不愿意要我,我没有自己的位置了,我……我很难过。

师:(走近生5,把她抱起来,从心里把她抱起来,动作是那么轻柔、那么体贴、那么真挚,眼神是那么执着、那么专注、那么温柔。没有隐藏,也没有炫耀,但充满了爱,那爱弥漫在整个教室)孩子,老师非常喜欢一种小动物,叫珍珠贝。这种贝类,如果有沙或坏的东西跑进里面时,它会把它们包起来——用温柔的态度去包容人生所遭遇的一切波折与困难,这样,我们的内心就会生长出一颗颗璀璨的珍珠!

眼神、手势是非语言行为的重要手段。许多时候,它的作用远胜过语言。当生5说了那些让人伤怀的话语时,教师没有用空洞的言语告诉孩子大家会喜欢她,老师会喜欢她,而是用他轻柔的体贴的真挚的动作,用执着的专注的温柔的眼神,抚慰孩子受伤的心。真正达到了此时无声的境界。同时,再用那个饱含哲理的故事激励孩子,使她明白了许多许多……

在教学过程中,体态的关怀能达到意想不到的作用。当某学生回答问题准确生动,教师可以赞许的目光表示鼓励,或肯定地点点头,拍拍学生的肩膀;当学生精力分散,走了神,教师可用皱眉、扬眉、沉默、凝视等加以提示;当学生自觉性较强,课堂纪律较好时,教师可用亲切的目光主动捕捉学生的视线,脸上露出满意的笑容……

七、多元激励式

例10:王崧舟《鸬鹚》教学片段

(自由读课文)

师:好!看你们这个读书劲儿,真是一种美好的享受啊!读的同学是津津有味,听的同学全神贯注。现在咱们这样,请大家来推荐,你觉得你的同学读得怎么样?

生1:我觉得我的同桌读得挺好的。

师:好!那咱们先听听她的朗读。掌声有请!`

（生 2 投入地朗读）

师：停！同学们，听了她刚才的朗读，你觉得什么地方可以向她学？

生 3：我觉得她读得很有感情。

生 4：第一段她读得非常美，好像把我带进画面里面去了。

生 5：最后一句她读得非常有力。

生 6：她读得十分美，好像人站在云里的感觉。

师：是吗？简直就是飘然欲仙啊！来，咱们也来找找站在云里面的感觉——

（全班齐读）

师：好，味道越来越好了！请大家继续推荐。

单枝独秀不是春，万紫千红方为春！一千个观众，就有一千个哈姆雷特！智者见智，仁者见仁！语文内涵丰富多彩，对于一段文字的理解，我们不可能也不应该要求学生走"唯一"之路。案例中的教师不但自己特别关注了学生的存在，还积极引导学生独立思考，多元解读，在给予的积极鼓励中，收到了意想不到的教学效果。同时，我们看到评价主体既有教师也有同学，评价结论的表现媒体既有同学的激励性评价，也有全班同学一起"找找站在云里的感觉"，评价对象既有学生个体，也有全班群体。这也是多元激励的表现。

例 11：《菩萨蛮·大柏地》教学片段

（当学生基本上理解了该词的意思之后）

师：现在老师再给你们 10 分钟时间，请大家用不同的方式来表现你对这首词真的理解了。（大约过了 10 分钟）

生 1：我以《菩萨蛮·赞松原》为题赋词一首，以此表示对词牌的理解。（朗读）

师：你能用诗词的语言来表现对诗词的理解，而且赞美了自己的家乡，我们体会到了你对家乡的热爱，真了不起。

生 2：我根据词的内容作了一幅画。（出示）

师：你对词的内容理解得很深刻，而且画得很好，看出你有很强的想象力和高超的绘画水平，太棒了！

生 3：我为这首词谱了一个曲子，现在就给大家演唱一遍。（演唱）

师：原来你有这么好的音乐天赋，校园艺术节的时候可得好好露一手！

生 4：虽然我用什么方式都表现不太好，但是我想给大家朗诵这首词。

师：以前他上课从不主动发言，今天很主动，说明他进步了。大家表扬他！

我们在评价学生的时候，要对每一位学生报以积极、热切的期望，并乐于从多角度来评价、观察和接纳学生，寻找和发现学生身上的闪光点，发现并发展学生的潜能。这正是新课程所倡导的评价观。这种评价改变了传统的完全按一个统一的标准要求学生的做法，让每个孩子都能得到关怀，让每个孩子的个性得以充分张扬，让每个孩子都感受到自己是一个聪明的人，体现出评价是为了孩子发展的理念。

八、顺水推舟式

例12：贾志敏关于"姆"的教学片段

师：大家来给"姆"字找找朋友吧！

……

生："养母"的"姆"。

（其他同学大笑）

师（微笑着示意学生安静下来）：你们别急，他没说错，只是没说完！

师（转向那位学生）：你说得对的，是"养母"的"母"……

生（似有所悟，连忙说）：是"养母"的"母"加上一个女字旁，就是"保姆"的"姆"了。

（师生会心地笑了）

案例中贾老师不动声色地巧妙引导，避免学生出洋相，这样的老师哪个学生会不喜欢呢？学生有这样一个老师和风细雨地帮助纠正学习中的错误，他们还会害怕什么？他们自然会没有任何心理负担地投入学习了，自然会争先恐后地发言了。

新课程理念强调对学生尊重、赏识，于是有的教师便不管学生表现如何，一味给予表扬。我们认为，正如一味惩罚并不可取一样，一味地夸奖学生同样弊大于利。对学生而言，过多的夸奖会导致上瘾，迷恋夸奖对学生发展无益；过多的批语也会让学生习以为常，无动于衷，也起不到鼓励的作用。对教师而言，最根本的应关注实实在在的教学效果，通过批评或其他评价方式，从反面激励学生，能促进学生的发展。

例13：贾志敏准确而又得体的评价语言

"你读得很正确，若声音再响一点点就更好了。"

"老师、同学又没追你，你干嘛读得那么快？要注意呀！"

"读得真好听，老师要感谢你的爸爸妈妈给了你一副好嗓子，不过要是加上表情就更加能传情达意了，不信，你试一试！"

"读课文应大大方方，别缩头缩脑呀！"

"这个字念得不够好，跟老师再念一遍。"

贾老师的听辨能力非常强，能因人而异、具有针对性地作不同的评价，而这些评价又恰恰能给学生以提醒或纠正。在朗读指导过程中学生在贾老师的循循善诱中渐渐做到朗读的基本要求：快慢适度、富有节奏、态度大方、语言流畅。也正是这些准确得体的评价语加上贾老师明快生动的语言示范，学生们的回答或朗读一次比一次好。

任何事物都有它存在的价值。当学生在参与学习时出现了偏差，我们应该注意换一个角度去思考，在指出其错误的同时又让学生得到一种心理安慰，冲淡否定评价带来的负面影响。

以上这些绝妙的课堂评价，体现了教师高超的评价艺术。它是教师成功教学的一部分。尽管没有任何说教，却无时不在告诉学生他们为什么是正确的或为什么是错误的，也随时随处让学生看到自己的实力所在，这对激发学生的学习动机，帮助学生开发潜能具有不可低估的作用。这些策略有的是独立存在的,有的是彼此交融的。我们可以根据实际情况选择合适的策略进行操作。

九、导向式评价

支玉恒老师在执教《放弃射门》一课时,孩子们就"福勒该不该放弃射门"展开了激烈的争论。一些孩子认为,福勒应该放弃射门,因为如果不这样做,西蒙就会受伤,造成严重的后果。而且,放弃射门也正体现了"友谊第一,比赛第二"的精神,是一种人性美的表现。另一些同学则认为福勒不该放弃射门,因为这场比赛非常关键,如果不全力而为,很可能为球队造成无法挽回的后果。"球场如战场",福勒这样做,是不负责任的表现。看见孩子们各说各有理,争论得面红耳赤,支老师即时进行了评价:"孩子们,你们都能引经据典去说服对方。我欣赏你们敢于发表独特见解的精神。不过,老师要送一句话给你们:一场比赛的胜负重要,还是一个人的生命重要?"因为这句评价,孩子们陷入了深深的思考。支老师没有明确地评价谁对谁错,但经他评价的导向,孩子们对福勒该不该放弃射门应该有了明确的认识,正确的价值观得以确立。这正是"一两拨千斤"呀!

十、个性化评价

课堂评价没有固定的模式,时时"因人而异,因境而异",处处体现出对学生个体差异的尊重,有效地促进不同层次学生的提高。

于永正老师执教《新型玻璃》一课时请一位女同学读第一段,她第一次读"一个划玻璃企图盗窃展品的罪犯被抓住了"一句时,把句子读破了。他鼓励道:"这个句子比较长,难读。请你再读一遍。"这个女孩一连读了七遍都没读正确,她很着急,失去了信心。于老师轻拍她的肩膀说:"你深吸一口气,放松放松,然后一字一字地在心里把这句话默读一遍,第八次准能把漏掉的字读出来。"女孩这样做了,第八次终于获得了成功,读得既流利又准确。全班同学一起为她鼓掌。于老师郑重地对她说:"记住,爱心献给别人,信心留给自己。"

在这一片段中,于老师针对这位学习有困难的孩子每一次读都有不同的评价。不但善于点拨和讲解,还善于耐心的启发与激励,让学生由不会到会。也许在以后遇到困难时,这个女孩会想起这一幕,然后面带微笑走向困难。

案例研习

案例一:

一位青年教师的写字教学片段

(一节写字课。在老师的写字指导后,学生开始独立书写生字。老师巡回指导,并纠正个别同学的姿势。几分钟之后,大部分学生写完了。)

师:好!刚才同学们都能非常认真地书写生字,这很好!下面老师想请同学们当一回小老师,对自己所写的字做出评价,愿不愿意呀?

生:(兴高采烈地)愿意!

师：老师把我们刚才所要写的字都放到了大屏幕上，同学们请把你们自己写的字与大屏幕上的字比一比，然后在每一个字下方分别画上笑脸、五角星和三角形，笑脸表示优秀，五角星表示良好，三角形表示一般。听清楚了吗？

生：（齐答）听清楚了！

师：好！小老师开始工作吧！

（学生纷纷拿笔在自己写的字旁画上了相应的符号。神态专注，态度认真，边比较边画。在学生自评后，老师检查学生的自评结果并加以评价。）

师：获得笑脸的同学，你们很棒！老师也把灿烂的笑容送给你们。获得五角星的同学你们也很不错，老师发现你们每个字都写得很认真、很工整，练字写字就应该认真。获得三角形的同学你们很诚实，对自己要求很严格，这一次写得不好不要紧，很多事情做第一次时是不太理想的，熟能生巧，只要你们继续努力，多写多练，老师相信你们肯定会写出正确、美观的字！有没有信心呀？

生：（响亮而自信地）有！

……

（摘自《小学语文教师》2005年第11期）

评价：该老师的几句评价，一方面能抓住学生的心理需求，肯定了每一个学生的付出与努力，让每一位学生都获得了成功的体验与喜悦，激发了学生的写字兴趣。符合评价是为了促进学生的发展的评价理念。另一方面老师让学生自己评价自己写的字，把评价的主动权移交给学生，让学生在比较之中进一步强化记忆，识记字形，明确优劣，既培养了学生的观察能力、领悟能力，又符合评价主体要多元化的要求。

案例二：

一次口头造句引发的思考

在我的教学生涯中，有一堂课让我终生难忘。

这是一堂说话练习课，练习用"是"字说话。一年级小孩子特别喜欢说话，他们把"是"字与自己的生活环境及日常见闻紧密结合，表达得那么自然、流畅："动物是人类的好朋友。""爸爸是个建筑工程师。""大象是陆地上最大的动物。"……就在这时，有个叫刘涛的男孩子站了起来。这是个有名的捣蛋鬼，班上的女孩子见了他就得赶快躲着。"我是个好……"听得出，他想说"我是个好孩子"，可是没等他说完，同学们已发出一阵哄堂大笑窃窃私语："哼，他也能是好孩子？""他还有脸说！"……说句心里话，此时此刻，我的内心真有些矛盾：想想平时他那些表现，我真想说"这就是你天天调皮捣蛋的结果"；然而，看看这个孩子又不免有些同情。矛盾之余，我示意让他坐下。谁知他还真较上了劲儿，站在那里不坐下。于是，我只好鼓励他想一个更"合适"的句子。他果然开口了："我是个坏……"正当大家等着他说自己是"坏孩子"的时候，他却忽然停下来，脸也涨红了。显然，他不甘心承认自己是个"坏孩子"。此时，我的内心像打翻了五味瓶——我在为他突然萌发的强烈自尊所感动，我满怀深情地鼓励他再来一次。他从我的目光中获得了动力，从内心深处发出一个响亮的声音："我不是个坏孩子!"我情不自禁地带头为他鼓掌。这时,我发现他的眼里已噙满了泪水。

下课后,我把刘涛叫到办公室与他谈谈。我还没开口,他就主动说:"老师,我以后一定做个好孩子。"

这堂课给我的感触太深了。我一向认为低年级孩子年龄小,根本不懂得什么叫"自尊",尤其是那些捣蛋鬼,都是些"厚脸皮儿"。然而,今天的事情让我改变了看法:刘涛不过是一个六七岁的孩子,但是他的三次造句两次改说句子,却让我感受到他对尊重的那份渴望。原来自尊并非成年人所独有,也决不是那些"好孩子"的专利。对那些后进生来说,他们更加看重自己在别人心中的位置。尊重每个孩子,这是培养学生独立个性和完整人格的重要前提,也是新课程理念的重要体现。另外,我不得不佩服蕴藏于这个孩子身上的惊人的创造潜能——从"我是个好(孩子)"到"我是个坏(孩子)"再到"我不是个坏孩子"这一过程,不止是一个灵活运用"是"字进行语言表达的过程,更重要的是一个自我价值判断逐步完善的过程。在周围舆论否定与自我向往肯定这一对矛盾之中,他终于找到了一个最佳的统一点——"不是个坏孩子"。这种机敏的创造力难道不值得赞叹吗?而此时,无疑也正是改变一个孩子的最佳时机!

(摘自广西小教研究中心《课题通讯》2005.5)

[评价]该案例涉及的依然是教学评价的问题。我们对孩子的任何评价均应该从保护孩子、爱惜孩子的目的出发。尊重孩子的人格,保护孩子的自信心更是我们教师的责任与义务。例子中的"我",从开始时的内心真有些矛盾;到又不免有些同情;然后到鼓励他想一个更"合适"的句子;再到为他突然萌发的强烈自尊所感动并且满怀深情地鼓励他再来一次;最后到我情不自禁地带头为他鼓掌。这一漫长的过程就是老师对学生的一系列的评价。诚然,这些评价非常成功,但却来之不易,稍有不慎,就会对一个孩子稚嫩的心造成严重的伤害。

项目二 学业成绩评价技能

工作任务 学业成绩的评价

一、小学语文学业成绩评定的方式

(一)过程评价——成长记录评价

"成长册"是一种用代表性事实反映学习过程中发展状况的质性评价。把评价寄予日常的教学行为之中,使评价过程日常化,强调了评价的自我纵向比较,弱化了评价主体间的横向对比,有利于促进学生的发展。要注意的是:

评价要充分体现学生的自主性。记录内容完全由学生自己决定记什么或不记什么,教师不能包办代替,指手画脚,只能提出一些创造性的建议。

评价的目的在于促进学生的全面发展。一是用于学生自己经常观看、阅读作品,由此看到自己的进步和不足;二是定期让学生带回家,请家长观看、评价;三是定时进行展览,同学互相观摩学习;四是学期结束,作为语文学习素质报告单。

(二)阶段评价——分单元考核

将教材内容分多个阶段、多个领域进行测评,以便及时反馈,改进教学。要注意的是:

评价阶段划分不能太小,避免检测步入频繁性的误区。

评价的内容侧重在本阶段的知识与能力等认知领域方面的内容,非认知领域(过程与方法、情感态度与价值观)的内容可多个阶段评价一次。

评价的方法根据评价的内容或口头表达、或书面表述、或开卷测评、或实践活动、或行为表现,不能将单元书面闭卷考试作为阶段评价的唯一方法。

评价的目的重在促进和弥补,如果发现成绩不理想,要反思和改进教学方法,不能过多地指责和批评学生。

评价的结果采用定性(激励性评语)和定量(等级)相结合的方式。等级分为"优秀""合格"和"需努力"三个等级。"需努力"是针对没有达到"合格"标准学生的一种延缓性评价,允许学生有多次评价的机会,经过一段时间的弥补,可根据学生志愿进行再次评价,直到学生满意为止。

(三)终结性评价——期末考评

期末考评采用平时考察(过程评价、阶段评价)和期末考试(试卷)相结合的方式来全面评价学生的语文综合素质;评价结果的呈现应以定性评语、定量(等级)评价和特长描述等相结合的方式;考评的内容应从"知识与能力""过程与方法""情感态度与价值观"进行综合评价。

二、学生语文成绩评价的主要形式

1. 日常检查。

主要形式:课堂提问、作业评价、学习态度评价等。

作业评价:通过作业的设计、布置、批改、反馈等多个流程对学生进行评价,是师生对话的重要平台,也是形成性评价的主渠道。作业是教学过程效果的重要检测手段,凝结了学生大量的时间、精力、情感甚至意志,是反映学生语文学习过程和结果的珍贵资料,蕴含有学生兴趣潜能、情感态度、学习方法等诸多信息,可视为评价学生学习的有代表性的事实。通过作业设计、布置、批改、反馈等流程,对学生平时的学习过程、方法、效果,作出评价并旨在改进的过程,即是作业评价。

2. 考查和考试。

考试评价:考试是一种较为严格规范的具体评价方式。根据一定的目的,按照一定的要求进行命题,通过学生解答的过程与结果,考察学生的发展状况。

考试是评价的一种方式,而不是评价的全部内涵,两者之间是手段与目的、局部与整体的关系,考试无法等同于评价。考试与其他日常、口头、随机的非规范性的评价方式相辅相成,共同实现促进学生发展的评价意图。新课程发展性评价体系的倡导,必然带来考试评价在内的评价理念与行为的深刻变革。作为新课程评价的一个重要组成部分,考试评价不是应不应取消的问题,而是应如何发展变革以促进学生更好发展的问题。

小学语文教学反思与听评说课技能

项目一　教　学　反　思

一个教师写一辈子教案难以成为名师,但如果写三年反思则有可能成为名师。

——叶澜

"没有反思的经验是狭隘的经验,至多只能成为肤浅的知识"。教师成长的公式:经验＋反思＝成长

——波斯纳

工作任务　学会教学反思

教学反思,就是回顾教学——分析得失——查出原因——寻求对策——以利后行的过程。

一、反思的途径

(1) 从学生的角度反思自己的教学;
(2) 从教师的角度反思自己的教学;
(3) 通过邀请同行专家听评自己的课来反思教学;
(4) 通过阅读教育文献来反思自己的教学。

二、反思的形式

(1) 课后备课。

在上完课后,根据教学中所获得的反馈信息进一步修改和完善教案,明确课堂教学改进的方向和措施。课后备课有助于教师从正反两个方面及时总结经验教训,有效地增强教学效果,提高教学效率。

(2) 教学后记。

在课堂结束后,对教学过程的设计和实施,结合对课堂教学的观察,进行全面的回顾和小结,将经验和教训记录在教案上;也可以用教学设计评价表来总结(见表 4-1)。

表 4-1　教学设计评价表

项　　目	指　　标	评　分			反思与调整
		A(1)	B(0.7)	C(0.5)	
教学目标设计	教学目标清晰具体				
	针对学生实际状态				
	考虑学生发展可能				
教学内容设计	体现与生活世界的沟通				
	体现灵活结构性				
	体现学科教育价值				
教学过程设计	师生双方活动形式				
	考虑双方活动有效性				
	开放设计有度、有弹性				

（3）反思日记。

在一课或一天的工作结束后，写下教学心得体会，列出当日教学中所遇到的或所看到的成功及不成功的教学事件，以及是哪些原因造成的？ 事件中包含哪些理论、如何改进？ 进行分析反思，如教学思想运用的先进性、教学目标设计的准确度、教与学行为表现的合理性、教学手段选用的必要性、教学时间安排的节奏感、课堂活动组织的周密性。

（4）行动研究。

教育领域中的行动研究是指教育实践的参与者与教育理论工作者或组织中的成员共同合作去研究本校本班的实际情况，解决日常教育、教学中出现的问题，从而不断改进教育、教学工作的一种研究。可运用观察、谈话、测验、调查问卷、查文献等方法，并通过课内、课外活动、作业批改、座谈会等多种渠道，对学生学习心理特点和认知方式等多方面进行了解和研究。

（5）教学诊断。

可以通过自我反省与小组"头脑风暴"的方法，收集各种教学"病历"，归类分析，找出典型"病历"，并对其进行分析，重点讨论影响教学有效性的各种教学观念，最后提出解决问题的对策。

（6）案例研究。

案例是含有问题或疑难情境在内的真实发生的典型事件，是教学问题解决的源泉。在课堂教学案例研究中，教师首先要了解当前教学的大背景，在此基础上，通过阅读、课堂观察、调查和访谈等收集典型的教学案例，然后对案例进行多角度、全方位的解读。

（7）观摩分析。

"他山之石，可以攻玉。"要经常性地开展听课交流，研究别人的教学长处，特别是研究优秀教师的教学艺术。通过学习比较，容易发现问题，产生新的想法，并且找出差异，不断提升自己。

三、案例研习

在反思中提升

熊海云

今天上午的督导评估活动中，高主任对我执教的《生命 生命》一课进行了细致的点评，之后我又认真研读了高主任名师工作室博客中《生命 生命》的课文解读，对这篇课文又有了新的感悟，对自己在课堂教学中的重点把握有了比较清晰的认识，结合高主任的点评指导，总结如下。

1. 高主任指出：语文老师教语文，就要教给学生方法，扎扎实实锻炼学生的能力，让学生经历学习、思考、体悟的过程，经历这个过程，掌握理解词句的方法，学生将来会自己获得答案，这样的学习才是有效的，有意义的，这个答案不是教师给的，而是学生自己获得的。

反观我的这节课中，对词句的理解没有让学生经历那种静静地思考的过程，没有给学生方法挖掘出词句的深意，只是浮光掠影般一带而过了，学生理解只停留在字典的那种字面意思上，不深刻，不透彻。这就是因为没有教给学生理解词句的方法。高主任的示范讲解给了我很大的启发：第二段中理解"鼓动"的意思，体会飞蛾无论怎样都没有放弃求生的努力，可以这样来进行教学，理解时结合上文的"挣扎"，结合下文的"生命的力量在手中跃动"，要通过想象，来教会学生怎样具体结合上下文来理解词语的意思。第三段中"竟然"一词，就可以让学生结合生活实际来理解：墙角的砖缝中掉进一粒香瓜子，过了几天，它会怎么样呢？在日常生活中我们就有这样的事，学生联系生活能想到瓜子掉在地上自然是会晾干了的，可是，它长出了瓜苗，这就是没想到！"竟然"之意就这样轻松巧妙理解了。"那小小的种子里，包含着一种多么强的生命力啊！"这里的"多么强"，可以联系上下文来理解。第四段里，心跳"沉稳而规律"，这"沉稳而规律"的心跳，可以结合人体构造的知识来感知，这心跳为什么给我的是"震撼"。此外，还可以通过换词、删词等方式，体会作者用词之妙。

2. 高主任对这篇课文如何概括段意的方法指导特别明了。我们教师心中要知道每段讲的是什么，这篇课文中三个事例都是两层意思，都是通过小事触发了"我"的生命感悟，概括时也要教给学生方法。作者从不同方面列举事例，列举了动物、植物和人类三方面的事例，其作用远远大于单一方面的事例。三件事之间有什么关系？换一换位置行不行？这些都是引发学生思考的问题，解决了这些问题，读懂三个事例的关系，也就理解了文章，理解了作者的写作意图。

3. 高主任的指导带给我的是教学观念的更新。语文教学要的是让学生读懂课文内容，读懂字、词、句、段之中的联系。把字词读准，读通顺，一边读一边想，一路读下去。从中提取主要信息，分步落实各种能力的培养，最终将各种能力串联起来，以提高学生的阅读能力。老师要引导学生着重进行感悟、积累、运用的训练。学生需要的是教师方法的指引，需要的是课堂教学中教师有针对性的训练。

殷殷话语，亲切鼓励，我真切明白：教学的最高境界是真实、朴实、扎实。我今后一定要更加仔细地研究教学目标体系，在教学实践中更好地落实教学目标体系，不断努力，不断追求。

项目二　听课评课技能

工作任务 1　学会听课

一、听课的要领

（一）听

要听教师的，也要听学生的，二者同样重要。

一听教师怎么讲的，是不是讲到点子上了，重点是否突出，详略是否得当；

二听课讲得是否清楚明白，学生能否听懂，教学语言如何；

三听教师启发是否得当；

四听教师的示范如范读、演算等；

五听学生的答题，读书中显露出来的才能和暴露出来的问题。

（二）看

要看教师，也要看学生，甚至更要看学生。

一看教师，精神是否饱满，教态是否自然亲切，板书是否合理，教具和电教器材运用是否熟练。还需要看教师教法选择是否得当，指导学生学习是否得法，对学生出现的问题其处理是否巧妙，是否关注全体学生。

二看学生，看整个课堂气氛，是静坐呆听，死记硬背，还是情绪饱满，精神振奋；看学生参与教学活动；看学生对教材的感知；看学生的注意力是否集中，思维是否活跃；看学生的练习、板演、作业情况；看学生举手发言、思考问题情况；看学生活动时间是否得当；看学生，要看整个课堂气氛，看学生是否积极参与了教学活动，看学生的注意力是否集中，思维是否活跃，看学生的发言情况、思考情况和活动情况，看有没有学困生被调动起来，被教师忽视了，看学生练习、板演和作业情况，看学生与教师的情感是否交融。还要看更深层次的学生自学习惯、读书习惯、书写习惯是否养成，看学生发现问题、分析问题、解决问题的能力如何。看各类学生特别是学困生的积极性是否调动起来；看学生与教师情感是否交融；看学生自学习惯、书写习惯是否养成；看学生分析问题，解决问题能力如何……一句话，看学生主体作用发挥得如何。

（三）思

要对教与学两个方面有判断，有思考。有时候要透过现象找本质。要分析学生是怎么学的，教师是怎么教学生学的。对课堂实况应进行反复的琢磨。

（四）记

记下教学实录和教学评点（见表 4-2）。

表 4-2　教学实录和教学评点表

教学实录和教学评点	
教学过程 各教学环节时间安排 学生的活动情况 教学效果	目标与思路的确定 教材的处理 重难点的确定与处理 教学方法的选择 教学手段的运用 教学基本功 体现出的教学思想

　　根据需要,有的要记得全面一些,细一些,但这样往往比较困难;更多的是记下主要环节、主要内容、主要教学方法,在此基础上,突出记录某一方面。

　　记录要抓重点,文字要简练,有时用自己明白的符号代替。有时来不及把自己所想的都记录下来,可以留空位,并尽快寻找机会补上。

工作任务 2　学会评课

一、对教师课堂教学的评价的方法

　　1. 教学准备评价。

　　内容包含教案书写、教学设计、课件制作、教学语言准备、学生预习作业布置、教具和学具的准备等。

　　2. 教学过程评价。

　　其一:看学生的"学"。

　　学生的学习状态是评课必须认真观察的一个重点。观察时应注意学生是否学得主动,学得轻松,这可以从参与状态来评析。观察整堂课学生参与学与教的广度、深度与自觉程度,尤为重要的是关注有多少学生在多大程度上参与了有效学习。还可以从交往状态来评析,这是课堂教学活动效能的关键因素。课堂上多边、丰富、多样的生生、师生交流与反馈,整个教学环境和谐、活跃、民主平等,这是一种积极的课堂景观。但是,仅仅观察参与状态和交往状态是远远不够的,很可能被"虚假的繁荣"所迷惑,因此必须关注学生的思维状态,如学生的思维活动是封闭还是开放;学生敢不敢提出问题、发表见解,是否全面细致、多角度、全方位地思考问题等。同时,还必须关注课堂的生成状态,关注目标达成状态。通过课堂教学的观察评析,了解学生是否对学科学习有信心、有兴趣,评判学生的学习态度、学习能力以及基础知识方面的达成度。

　　对学生的学习状态的观察则应关注以下四个方面。

　　(1) 参与状态。看学生参与的情感、意志投入的程度。看学生主动参与的时间和广度。

　　(2) 交往状态。看学生与他人合作学习的质量。

　　(3) 语言实践状态。学生的语言实践状态体现了语文课的个性。学生的活动要着力于

"语言"这一个点。语文课上学生要能品到浓浓的"语文味"。

（4）生成状态。看学生的知识、技能、智能、个性是否得到相应发展。素质教育环境下的新课程小学语文教育,应立足于语文的基点,着眼于人的发展。我们所提倡的语文课是让孩子的心灵始终处于开放状态;让孩子的语言始终处于敏感状态;让孩子经历过困难并自己克服了困难。好课不但提供学生丰富的知识与一定的方法与技能,而且还要有高尚的情感体验、正确的价值观;好课留给学生的精神是永恒的。

其二:看教师的"教"。

（1）教学思想。看是否体现全面性,体现新课标精神,看是否树立学生的主体意识、发展意识,看是否体现创新理念。

（2）教学内容。在教学中突出重点、突破难点;注意新旧知识联系;讲解正确、精当,符合学生接受能力。关注人文教育。教师要在重视语文知识和语言训练的同时更加注重生命性、人文性的感悟和表达。教学内容开放性。沟通有限的课堂与无限的生活,注意开发和利用课程资源,处理好文本与课外材料的关系。

（3）教学过程。师生构建民主、平等、和谐的对话关系。课堂教学是真实有效的,真实的课堂摈弃演练和作假,有效的课堂追求简单和实用。课堂教学是信息技术与学科教学的整合,现代信息技术的运用要真正服从和服务于学科教学。课堂教学贯彻多元评价,教师要重视老师评价,更应重视学生自评与同学评价;要重视结果评价,更应重视过程评价。教师评价中要采用激励性评价为主。注意人文关怀,教师切实掌握学生的心理活动特点和规律,想学生之所想,感学生之所感。理解和尊重学生的人格和个性差异,关注学生个性张扬的情况,体会并肯定学生的价值。

（4）教师学科素养。

① 高超的教学艺术。组织艺术;引导艺术;合作艺术;激励艺术;语言艺术;板书艺术;练习设计艺术;"顺应"和"同化"艺术。

② "预设"与"生成"的辩证统一。教学活动是有计划有目的的活动,因此,没有预设就没有教学,任何教学都必须有预设。同时,鼓励预设有适度的弹性,给"生成"留下一定的时间和空间。

总之,对教师教学行为的观察则应关注以下四个方面。一是观察教师在课堂上的组织能力。这包括教师组织教材的能力、组织教学活动的能力、组织语言的能力。二是观察教师在课堂上的注意点。教师应该关注的不仅仅是自己的既定教案、自己的教学思路,更重要的是关注全体学生,关注学生的思维状态,及时反馈与调节学生的活动。三是观察教师在课堂上表现出的教学机智。新课程下的课堂教学更需要教师具备机智的应变能力,教师须敏锐、快速地捕捉即时信息,根据课堂教学需要及时灵活地调整教学策略,并恰当加以处理。四是观察教师在课堂上的情绪状态。

3. 教学技能评价。

按微格教学的思路,将评价对象的课堂划分为许多具体技能,以评价对象的教学功底,如导入、小结、提问、过渡、板书、演示等。

4. 客观状态评价。

在实践中,很多老师根据现代教育思想、教学理论进行教学设计,教者备课时有根有据,但在课堂教学实施时,有许多令人遗憾的地方,这就需要评价者对课堂教学呈现的客观状态进行评价。

二、案例研习

《黄鹤楼送别》教学片段

一、导入

1. 入课,介绍背景。

师:(课前播放《烟花三月》歌曲)从大家陶醉的神情中,我看出大家非常喜欢。歌中有这样一句词:牵住你的手,分别在黄鹤楼。知道谁牵谁的手吗?

生:是李白的手。

师:对,说起李白和孟浩然还有一段故事呢。话说李白年轻的时候,挎一把宝剑,带一个酒壶,云游天下。在路过湖北襄阳时,认识了当时名满京城的大诗人孟浩然。孟浩然比李白整整大了12岁,但年龄的差别丝毫没有影响二人的交往,他们一见如故,一起游山玩水,饮酒作诗,成了无话不谈的好朋友。一天,孟浩然要去扬州,这对于朝夕相处的好朋友来说,可真是难舍难分,话别的场面十分感人。让我们去看看那话别的场面好吗?现在学习《黄鹤楼送别》。

2. 老师板书课题,学生书空,齐读课题。

二、初读课文,整体感知

师:课文讲了一个怎样的故事?请大家自由读课文,读准字音,读通句子,难读的地方多读几遍。(学生自由读文)课文讲了一个怎样的故事?

生:课文主要讲了晚春三月,李白送孟浩然前往扬州,地点是在黄鹤楼。

师:这位同学非常善于抓关键词语,时间、地点、人物都已经明白了,很好。送完了,他还做了一件什么事呢?

生:他还写了一首诗。

师:这首诗叫——

生:《送孟浩然之广陵》。

师:谁能完整地说一遍?

生:晚春三月,李白为孟浩然饯行,孟浩然走后,李白按捺不住激动的心情,作了一首诗,诗名叫《黄鹤楼送孟浩然之广陵》。

师:非常完整,你很善于总结。

三、朗读词语,感悟诗歌意境

师:我们知道了课文大概的意思,那么课文中的词语都读准了没有,老师来检查一下。(课件出示词语)

(学生自由朗读词语)

（个别学生读）

师：这位同学一字一顿,有板有眼,但有个字音要读准,你们听出来了吗?

生：按捺不住。

师：对,这里要读 nà,不读 nài。字音不但要读准,我们还要读出词语的味道来。老师读左边的词语,你们读右边的,读的时候,你可以读出自己的理解,加上适当的表情和动作,明白吗?

师：(有韵味地)烟雾迷蒙。

生：(生模仿老师的语气读)繁花似锦。

师：好美呀! 再来——杨柳依依。

生：沙鸥点点。

师：(语速变得有气势)俯临长江。

生：(学生模仿老师的语气)习檐凌空。

师：(语速变慢、深情)依依惜别。

生：(生模仿老师的语气)浩浩荡荡。

师：按捺不住。

生：脍炙人口。

师：读得真是有滋有味。一组词语可以讲述一个故事。这些词语能否读出画面,读出故事,读出掌声来呢?

（学生自由练习朗读词语）

（指名读）

师：哪两个同学读得就像讲故事一样,那脍炙人口的名诗能不能读好呢(课件出示诗歌,生读)读得非常棒,很有节奏感。

（学生齐读）

点评一：

1. 效益最大化。词语组块教学达到了这样三个目的:一是这些重点词语的朗读可以检查学生是否把文章读顺畅了;二是在读准确的基础上要求学生读出词语的味道来,让学生借助词语组块的朗读,读出诗文中描述的画面来;三是在有节奏朗读词语组块的基调上,自然进入朗读诗歌,使诗歌的朗读受到词语朗读的启发,达到把诗歌读出韵味来的目的。

2. 以读为主,读中感悟,教学手法多样。自由读、指名读、示范读、合作读,点面结合,照顾了全体孩子;动静结合,课堂节奏舒展、轻松;课堂气氛活跃,学生参与程度高。

3. 层层递进,步步提高。读词语,要读准确——读出味道——读出画面,这是三个层次。有了这种梯度的训练,学生的思维才能从感性到理性,从抽象到形象。当学生感受到自己的提高时,学习的积极性才随之而来。

点评二：

是否基于学生的发展。

1. 从时间的分配上看,学生活动的时间段如下:

老师板书课题,学生书空 2′37″—3′18″(师生共同活动);

学生自由读课文,读准字音,读通句子,难读的地方多读几遍 3′50″—6′00″(全体);

学生甲概括主要内容 6′27″—6′50″(单独);

学生乙概括主要内容 7′16″—7′35″(单独);

学生自由读词语 7′57″—8′13″(全体);

个别学生读词语 8′18″—8′40″(单独);

师生同读词语 9′20″—9′51″(师生);

自由练习朗读词语 10′19″—10′38″(全体);

指名朗读词语 11′35″—11′53″(单独);

学生活动时间合计(含个别及师生合作活动):4′54″占总时间的 37.7%。

2. 从学生回答问题的面上看:三组二号 1 次;四组三号 3 次;二组一号 2 次;三组三号 1 次,四组二号 1 次,共计 8 人次。

参加上课的学生共计 42 人,回答问题的总人数占全班总数的 19%。

3. 从师生的语言量来看:实录片段共 1 280 个字,学生说话的字数为 240,占总字数的 18.7%

从上面统计的结果看,学生活动的时间少,回答问题的面窄(仅关注了靠讲台前及少数学生),说话的机会不多且语言量少,教师"话语霸权"现象明显;从关注学生的发展来看,教师没有关注全体学生,更没有关注学生的全面,关注的是怎样表现自己,怎样完成预定的教案,怎样让课堂不出差错。

项目三 说 课 技 能

工作任务 学会说课

说课是(准)教师依据课程标准与教学理念和学生的学习水平与发展潜能,面对同行、专家或领导,口头表述自己对某一课题的学习目标、学习的重点和难点、教与学的策略、教学流程等进行创造性教学设计及其原因的一种教学研究活动形式。由于说课的目的不同,说课可以是课前说,也可以是课后说。前者主要关注教学设计中的思想方法、策略手段,后者应该主要关注教学设计下所引起的教学效果的探讨和反思。

说课,涉及"说"和"课"。"说"是说课中的表述形式,而"课"则是说课中所要表述的内容。因此,从这个意义上来理解,说课者需要在"说"和"课",也就是从表述形式和表述内容两方面下功夫,才能取得良好的说课效果。

一、说课的内容

一般而言,说课中说者需要向听者表述的内容主要包括说课程标准、说教材、说教法、说学法、说流程。

（1）说课标。

说课标就是要把课程标准中的课程目标（三维目标）作为本课题教学的指导思想和教学依据，从课程论的高度驾驭教材和指导教学设计。

说课标，要重点说明有关课题教学目标、教学内容及教学操作等在课程标准中的原则性要求，从而为自己的教学设计寻找到有力的依据。

说课标，可以结合到说教材中去进行。

（2）说教材。

教材是课程的载体。能否准确而深刻地理解教材，高屋建瓴地驾驭教材，合乎实际地处理教材，科学合理地组织教材，是备好课、上好课的前提，也是说课的首要环节。

说教材的内容有如下五个方面。

① 说清楚本节教材在本单元甚至本册教材中的地位和作用，即弄清教材的编排意图或知识结构体系。

② 说明如何依据教材内容（并结合课程标准和学生）来确定本节课的教学目标或任务。课时目标是课时备课时所规划的、课时结束时要实现的教学结果。课时目标越明确、越具体，反映教者的备课认识越充分，教法的设计安排越合理。分析教学目标要从知识与技能、过程与方法、情感态度与价值观三个方面加以说明。

③ 说明如何精选教材内容，并合理地扩展或加深教材内容，通过一定的加工将其转化为教学内容，即搞清各个知识点及其相互之间的联系。

④ 说明如何确定教学重点和教学难点。

⑤ 说明教材处理上值得注意和探讨的问题。

（3）说学法。

现代教育对受教育者的要求，不仅是学到了什么，更主要的是学会怎样学习。实施课程标准后，要求教师转换角色，基于这一转变，说课者就必须说明如何根据教学内容、围绕教学目标指导学生学习，教给学生什么样的学习方法，培养学生哪些能力，如何调动学生积极思维，怎样激发学生学习兴趣等。

具体要说清两大问题：

① 针对本节教材特点及教学目的，学生宜采用怎样的学习方法来学习它，这种学法的特点怎样？如何在课堂上操作？

② 在本节课中，教师要做怎样的学法指导？怎样使学生在学会过程中达到会学？怎样在教学过程中恰到好处地融进学法指导？

说课活动中虽然没有学生，看不到师生之间和学生之间的多边活动，但从教师的说课过程中要体现以学生为主体，充分发挥学生在学习活动中的作用，调动学生的学习积极性。在最大程度上体现课改精神——教师是课堂教学的组织者、引导者、参与者、启发者。

（4）说教法。

说教法，应说出"怎么教"的办法以及"为什么这样教"的根据，主要说明课堂教学的具体策略，教学方法、教学手段的选择和运用及理论依据。有如下五个要求。

① 要说出本节课所采用的最基本或最主要的教法及其所依据的教学原理或原则。

② 要说出本节课所选择的一组教学方法、手段,对它们的优化组合及其依据。无论以哪种教法为主,都是结合学校的设备条件以及教师本人的特长而定的。要注意实效,不要生搬硬套某一种教学方法,要注意多种方法的有机结合,提倡教学方法的百花齐放。

③ 要说明教师的教法与学生应采用的学法之间的联系。

④ 要重点说说如何突出重点、化解难点的方法。

⑤ 说明教师的教法与学生应采用的学法之间的联系。

(5) 说教学过程。

说教学过程是说课的重点部分,因为通过这一过程的分析才能看到说课者独具匠心的教学安排,它反映着教师的教学思想、教学个性与风格。

只有通过对教学过程设计的阐述,才能看到其教学安排是否合理、科学,是否具有艺术性。

说教学过程要求做到如下四个方面。

① 说出教学全程的总体结构设计,即起始—过程—收束的内容安排。说教学程序要把教学过程所设计的基本环节说清楚。具体内容只须概括介绍,只要听讲人能听清楚"教的是什么""怎样教的"就行了。不能按教案像给学生上课那样讲。

另外注意一点是,在介绍教学过程时不仅要讲教学内容的安排,还要讲清"为什么这样教"的理论依据(包括课程标准依据、教学法依据、教育学和心理学依据等)。

② 重点说明教材展开的逻辑顺序、主要环节、过渡衔接及时间安排。

③ 说明如何针对课型特点及教学法要求,在不同教学阶段师与生、教与学、讲与练是怎样协调统一的。

④ 要对教学过程作出动态性预测,考虑到可能发生的变化及其调整对策。

以上五个方面,只是为说课内容提供一个大致的范围,并不意味着具体说课时都要面面俱到,逐项说来。应该突出重点,抓住关键,以便在有限的时间内进行有效的陈述,该展开的内容充分地展开,该说透的道理尽量去说透,这样才能取得良好的效果。

二、说课的方法和技巧

(一) 说教材——"透"

说清楚如下三个问题。

① 这篇课文为什么放在这个位置,有什么作用?

对教材有一个总体认识,了解整个教材的基本内容、知识体系、结构特点以及各部分知识之间的内在联系和逻辑关系,搞清楚教材内容是怎样循序渐进地加以组织的,然后进一步分析教材的编写意图、内容选取、程度要求、风格特点等。

例如,《颐和园》一文是六年制第七册教材中第三组课文。它位于第二组与第四组教材之间,我们知道第二组课文的训练重点是通过一边读一边想,理解词句和课文内容;第四组的训练重点是要求学生了解观察顺序,逐渐养成留心周围事物的习惯,同时继续培养学生用一边读一边想的方法,理解课文内容。由此可见,本组课文在上下两组教材中真正起到承前启后的作用。

所以,教师说课时只要把握了课文的编写意图,就把握了课文的重点,也把握了教材的系统性和连续性。

② 这篇课文的内容是什么? 有什么特色? 对学生的发展、终身发展有什么意义或作用?

对语文教材中的内容进行深入钻研,分析每一段,研究每一句,斟酌每一词与每一字,细致、具体地分析教材内容。例如,课文的主要内容和中心思想是什么? 是分几部分写的? 每一部分又各写了什么? 写法上有哪些特色(如文章结构的特点、开头结尾、语言、叙述方式的特色等)? 作者或写作的时代背景是什么? 这篇文章对于学生有什么作用? 等等。

③ 对教材如何处理?

叶圣陶先生说过:"教材无非是个例子,凭借这个例子使学生能够举一反三。"任何一部教材,不管编排得多么好,理念有多么先进,都不可能完全适应每个教师、每个班级,所以教材也有需要改进、调整、补充、重组的地方。因此,我们要在尊重教材的基础上,把教材看做是引导学生认知发展、进行人格构建的一种范例,从而对教材进行灵活处理,为学生建构一个充满活力的课堂。

在"说教材"的常规内容基础上,我们可以增添教师的个人思维亮点。例如,对教材内容重新组合、调整以及对教材另类处理的设计思路,等等。

案例:

"教材分析"片段:教材的地位及作用

《桂林山水》是一篇写景的抒情散文,描绘了桂林山水的旖旎风光,赞美了祖国的锦绣河山,表达了作者强烈的热爱祖国大好河山之情。课文以"总—分—总"的结构方式,按"漓江水—桂林山"的顺序展开,用饱蘸激情的笔触直抒胸臆,在一连串的对比与排比中,通过众多的比喻,巧妙地勾勒出桂林山水的独特风景,可谓情景交融、形神兼备。本篇课文的主要意图:

一是使学生借助课文感受祖国山河和祖国语言的美。

二是让学生在理解的基础上领悟作者抓住特点、运用对比描写景物的方法。

语文课程标准的基本理念之一是全面提高学生的语文素养。语文课程应培养学生热爱祖国语文的思想感情,指导学生正确地理解和运用祖国的语言文字,丰富语言的积累,培养语感,发展思维,使他们具有适应实际需要的阅读能力、写作能力、口语交际能力等。基于此,对于学生而言,本文喷薄欲出的浓烈情感需要体会,优美流畅的语言需要品读,尤其是本文善于抓住事物特点进行具体描绘的写作方法,更是学生学习习作的典范。

《桂林山水》起着承前启后的重要作用:"承前"主要是指本文的教学是在学生原有的初步阅读能力的基础上对语文能力进行综合强化,这意味着教师在教法上可以采取开放性的教学方法,激发学生的学习兴趣,放手让学生自读自悟,让学生在更高的要求之下自主地完成旧有能力的提升,达到"温故而知新"的效果;"启后"是指学生的语文能力受到强化后能提高阅读的效率,因此,这篇课文可以安排适当的拓展练习。

基于此,巩固与提高将交织于整个课堂结构。首先,应该通过品读语言,"披文以入情";然后,是理性归纳,即在一个更高的起点上"敛情以出文",实现能力的迁移与攀升。这一"出"一"入",都以网络与学科的整合为载体,使学生学而即用,举一反三。

(二)说学情——定位"准"(具体详见模块一项目)

(三)说目标——阐释"清"(具体详见模块一项目)

(四)说学法——指导具体

"说学法"是说课内容的重要组成部分,是说课活动中的一个难点,也是检测教师在备课时是否摆正学生主体地位的主要手段。"说学法"要求教师既说学生用什么方法,为什么要选用这些方法和怎样运用方法,也说在课堂上怎样实施学法的指导,怎样使学法的指导渗透在学习活动中。说学法,要遵循教材的地位、特点及学生的实际需要。

案例:

《一定要争气》

《一定要争气》是五年制第五册第二单元的讲读课文。讲的是我国已故著名生物学家童第周上中学时发愤学习和留学时刻苦钻研,成功地剥离了青蛙外膜的两件事。课文所结合的单元训练重点是联系上下文理解词语。根据单元、年级的训练要求及教材的特点,学习这篇课文可指导学生进行以下学法训练。

1. 审题入手读文法。

课文以"一定要争气"为主线贯穿始终。教学时让学生从审题入手,设问:看了这个题目你想知道什么? "争气"是什么意思? 谁"一定要争气"? 怎样"争气"? 为谁"争气"? 结果怎样? 通过审题,学生理顺了学文的思路,有利于读通课文,了解内容。

2. 品词析句读段法。

这是学习语文最基本最常用的方法,能切实有效地让学生进行语言文字训练,理解课文内容,了解人物的品格。学这一课理解词语可采用:(1)查字典法。此法有利于培养学生良好的自学习惯。本文中的"资助、发愤"等词就可让学生在自学时借助工具书来理解。(2)联系上下文理解法。这是本组教材的重点训练项目,在本课教学中要继续训练。课文中就有不少词适合于此法训练,如三个"才"的理解,单凭字典的理解是抽象的,必须让学生反复自读第二段,通过对上下句的品读来领悟同一个"才"字在三句话中的意思却不同,从中体会汉字的丰富内涵。(3)理解句子采用比较法。对重点句的理解可让学生读句子找不同,联系课文在比较中理解。课文两次写童第周"一定要争气"的心理活动的句子,通过比较分析句子间的异同,明确童第周第一次争气是为自己,第二次争气是为祖国,在读议中使学生深入领会他那不怕困难、勤奋学习、勇攀高峰为祖国争光的崇高品质。此外,还可用"删、补、换、增"词语进行比较的方法来理解句子。在理解了每句话意思的基础上,弄清句子间的关系,读懂段落。这是本课的读段训练方法。

3. 总结学法,迁移训练。

在学习了童第周中学时期勤奋学习这件事后,教师引导学生归纳出学习这件事的方法:读"原因",学"做法",品"结果",悟"感想"。然后,让学生按这一方法自读课文第二部分,在迁移训练中掌握读书的方法。

案例:

《坐井观天》"学法指导"片段

新课标要求,语文课程一定要使学生"掌握最基本的语文学习方法"。学生掌握了正确的方法,就会产生两个飞跃:一是由"学会"变为"会学";二是由"被动地学"变为"主动地学",达到"自能读书,不待老师讲"的理想境界。这样,学生的主体精神被大大激发,其学习效率就会大大提高,做到事半功倍。学法定法,贵在得法,教学本课时,指导学生自由选用"读、说、背、演"等学习方法,结合比较朗读、想象情境、直观理解、做实验等学习方法,真正达到"教是为了不教"这一教学的最高境界;在阅读习惯方面,着重培养学生解疑阅读、学会自学、学会积累的良好习惯。

(五) 说教法——强调有效

案例:

《坐井观天》"教法设计"片段

《坐井观天》是一篇寓言故事,根据寓言故事的特点及本课的语言特色,教学中,以青蛙与小鸟的三次对话为线索,以读代讲,以读促学,让学生在读中悟情明理。引导自由阅读、自由表达,打好自主学习语文的基础。再有,低年级学生喜欢直观、形象、生动的画面,为贴近学生实际,可采用简笔画、录像、动画片演示等手段,激发学生学习兴趣。依据新课标的精神,可运用谈话法、对比法、表演法、实践法等教学方法,激励学生全面参与、主动学习,培养创新能力和实践能力。

(六) 说教学——流程清晰

说教学过程的方法很多,可以将教学过程划分为导入、复习、新授知识、小结、练习、反馈矫正、作业等若干块来加以说明,也可以提炼主要线索进行说课,还可以将教学过程的设计按某种系统来加以说明。相同之处是既要说明教学过程的设计,又要巧妙地说出依据、原因和理由。以下五点是清晰表达教学流程的关键。

(1) 提纲挈领说框架:说过程时要注意先提纲挈领地介绍整个过程的几个主要步骤(或说成几个板块、几个活动、几大部分),然后再具体说说各个环节。

(2) 精雕细琢说名称:设计板块名称时,要词斟句酌。具体而言,各标题最好要做到四点：一是字数相等；二是结构相近；三是层次清晰；四是用词前卫。

（3）详略得当说过程：基本环节简略说，要做到惜墨如金；重点环节（课文重点、教学重点、教学亮点、教学特色）要具体说，要做到不惜工本，大肆宣讲，以给评委留下深刻的印象。

（4）选准切口说理论：说理论要精心设计，找准切口。说课用来作理论依据的通常是这样四类：① 新课程标准、教材类型、学科的特点、规律；② 教育的基础理论，包括教育学、心理学、教学论及其他教育科学的基础理论；③ 教育教学专家的观点、言论；④ 一切已被社会认可或已形成广泛共识或已得到实践证明的事实、公理、规律、法则或约定俗成的习惯、行为、认识、观点等。说理论依据不是多多益善，而是择其精要，点到为止，一般来说，只要选五六个关键处简要说说即可。

（5）此地无声胜有声：说板书设计或作业设计。在语文教学中，板书是一种被普遍采用的教学手段。在说课活动中，板书则是听者了解说课者教学思想、教学思路，对教材的理解的深浅程度和估计教学效果的可视语言。所以，说课必须说板书设计，包括板书设计的思路、依据和板书的具体内容。

三、说课表达的方法和技巧

说课者的说课能否生动、深刻且吸引人，"说功"是关键。

（一）用好语言

要想达到好的说课效果，说课者在说课中需要合理地使用好以下三种语言。

1. 独白语言。

独白语言即"讲述"，也就是讲说，就是把事情和道理讲出来，它是说者面对听者一种"独白"性的言语活动。其特点是语言信息输出的单向性，没有听众的言语配合。而且，独白语言不能使用谈话法、问题法、对比讨论法，而唯一依靠独白活动来阐明事理。说课应当以使用此种语言为主，是因为独白语言便于说课者系统地介绍自己的教学设想和所持的理论依据。

说课者在说明课堂教学设计的理念，分析课堂教学的内容、学生的学情、学习目标的设计、学习重点和难点的罗列，说明教学流程的安排及其原因等方面表述自己操作意向的描述性部分和理论依据部分，都应使用独白语言。

注意点：说课者面对的基本上是同行，因此独白语言的使用尽量做到言简意赅、有条有理。说课者用好这种语言，能让听者容易明了说者的设计意图和具体的操作策略，从而让说课变得有亲和力与感染力。

2. 课堂语言。

说课者在预演或反思课堂中将会出现的教学情境时，要把自己的身份由说课者切换为课堂上的上课者，通过自己绘声绘色的课堂语言把预演或反思的教学情境展现在听者的眼前，把听者带到真实的课堂教学情境中去，这是课堂语言在说课中的独特魅力。

注意点：

一般来说，课堂语言只能用在"说教学流程"这个环节中。

例如:在说课程序设计的时候,由于说的是怎样教,为了让听者听清楚课堂教学是怎样一步一步实施的,就需要置自己于课堂教学的情景之中,像实际的课堂教学那样,有讲有读,有问有说,整个过程都应以使用课堂教学语言为主。

教学的导语,课堂教学总结、说课中阐释教学内容和提问语也应使用教学语言。这样才能使听说课的人有一种身临其境的感觉,增加课堂教学的感受效果。与此同时,在说教学程序的时候,有时还需要运用朗读语言。所谓朗读语言,就是有表情地运用各种语调、语气将文字读出声的语言。如说课者能在说课中根据说的材料的内容和所要反映的思想感情,恰当地运用朗读语言,就可以增加说课的感染力,并产生良好的艺术效果。

3. 肢体语言。

尽管说课只是说课者的单项活动,但是如果说课者能充分运用好自己的肢体语言,会为自己的说课效果增色不少。

(二)强调关键词,弱化非关键词

例如,以下画线部分在说课时要突出强调。

当学生选择这一主题探究时,引导他们通过自读,弄清地球上的"再生资源"和"不可再生资源",然后进入相关的网页,看到人类破坏地球的种种行为,看到美丽的家园伤痕累累,此时此刻,孩子们禁不住伤心愤怒,发出和宇航员一样的感叹。这时让学生观看地球妈妈遭到破坏的影像资料,再让他们结合生活中的现象来谈一谈自己的周围有哪些破坏环境的行为。

(三)变换语调

在说课中,你的语调要时而高亢、时而低沉、时而又恢复如常,而这种变换,正如大海的海面一样,永不停歇。具体说来能掌握高亢、沉重调、短促调、加长调、重音调等"调式",进行讲述。

(四)改变语速

语速指讲话时的快、慢变化,能根据讲解内容和个人表情达意的需要,运用恰当的语速说话。在日常谈话时,大家的语速是不断改变着的。这令人感到愉悦并显得极为自然,同时,这也是无意识中进行的。实际上,语速的改变还是突出我们语意的最佳方法之一。

在说课中,语速要适度,一般每分钟 200—250 字,但是每个字所占的时间并不一样;句中、句间还有长短不一的停顿,这些音的长短和停顿的长短所构成的快、慢变化,就是语速。善于调节音程的徐疾变化,形成和谐的节奏,也可以加强表达的生动性;使听众不疲劳、不紧张。

(五)在重要地方的前面和后面稍作停顿

例如:

各位评委、老师:大家下午好!//让学生愉快、充满自信地走进我的语文课堂,//是我最大的愿望,让学生在语文课堂上享受快乐和成功//是我孜孜以求的。多年来,//我为实现自己的梦想和追求不懈地努力着。今天,//借此平台,希望各位老师指导我的说课,使我更快成长。

　　我说课的主题是//"自主、合作探究学习——提高课堂的实效型",我将从//教材分析、//学情分析、//教学策略、//教学程序、//教学评价//五大板块作具体的阐述。(//表示停顿)

　　总之,说课方式多种多样,不是一层不变的。由于教者的风格、个性、语言表达力的差别,说课者找到适合自己的方法,说课就一定能获得成功。

主要参考文献

1. 赵才欣、韩艳梅.如何备课[M].上海：华东师范大学出版社,2009
2. 陈秀玲.语文教学技能训练[M].武汉：华中师范大学出版社,2010
3. 吕映.小学语文教学技能实训[M].杭州：浙江大学出版社,2013
4. 王宗海、肖晓燕.小学语文教学技能[M].上海：华东师范大学出版社,2011
5. 徐世贵.怎样听课评课[M].沈阳：辽宁民族出版社,2004
6. 王崧舟.走向"多元"和"兼容"的文本细读[J].教学月刊(小学版),2010(7-8)
7. 王荣生.系列讲座：教学内容的选择与教学环节的展开(第二讲)依据文本体式确定教学内容[J].语文学习,2009(10)
8. 王小毅.语文教学目标的确定与教学内容的选择[J].语文教学通讯(小学刊),2012(1)
9. 薛法根.让学习真实地发生——以学定教的活动设计策略[J].语文教学通讯(小学刊),2016(6)
10. 薛法根.清简：语文教学的本真回归[J].小学教学研究,2013(2)
11. 林莘.回归童真：小学语文理想课堂之本[J].现代中小学教育,2014(12)
12. 吉春亚.让语文课充满浓浓的"语文味"——我的语文教学探索之路[J].小学教学参考,2004(9)
13. 张祖庆.沉入词语的"四度空间"——中高年级词语教学新思维[J].黑龙江教育(小学文选),2007(6)

图书在版编目(CIP)数据

小学语文教学技能实训/李春喜主编. —上海：复旦大学出版社,2019. 6 (2024. 1 重印)
ISBN 978-7-309-14314-0

Ⅰ.①小...　Ⅱ.①李...　Ⅲ.①小学语文课-教案(教育)-高等学校-教材
Ⅳ.①G623. 202

中国版本图书馆 CIP 数据核字(2019)第 084231 号

小学语文教学技能实训
李春喜　主编
责任编辑/查　莉

复旦大学出版社有限公司出版发行
上海市国权路 579 号　邮编：200433
网址：fupnet@ fudanpress. com　http://www. fudanpress. com
门市零售：86-21-65102580　团体订购：86-21-65104505
出版部电话：86-21-65642845
杭州日报报业集团盛元印务有限公司

开本 787 毫米×1092 毫米　1/16　印张 11　字数 224 千字
2024 年 1 月第 1 版第 3 次印刷

ISBN 978-7-309-14314-0/G·1974
定价：38. 00 元